Anonymous

Rechtliche Betrachtungen zur näheren Prüfung der zu Mannheim erschienenen Beantwortung

Auf das in Betreff der Nuntiaturstreitigkeit von Kurköln bei dem Reichstage übergebene Pro Memoria

Anonymous

Rechtliche Betrachtungen zur näheren Prüfung der zu Mannheim erschienenen Beantwortung
Auf das in Betreff der Nuntiaturstreitigkeit von Kurköln bei dem Reichstage übergebene Pro Memoria

ISBN/EAN: 9783743406346

Hergestellt in Europa, USA, Kanada, Australien, Japan

Cover: Foto ©ninafisch / pixelio.de

Weitere Bücher finden Sie auf **www.hansebooks.com**

Rechtliche
Betrachtungen,
zur
nähern Prüfung
der im verwichenen Jahre zu Mannheim
erschienenen
Beantwortung
auf das
in Betreff der
Nuntiaturstreitigkeit
von Kurköln
bey dem Reichstage übergebene
PRO MEMORIA.

Verfasset von einem katholischen
Deutschen.

1789.

Summarischer Inhalt.

I. Betrachtung.

Ueber die Natur der katholischen Kirchenverfassung, und vom Recht des römischen Stuls, Abgeordnete in die Nationalkirchen zu schicken überhaupt. Seite 1

I. Kapitel.

Von der eigentlichen Beschaffenheit unseres katholischen Kirchenregiments. 1

II. Kapitel.

Rechtliche Bestimmung der päbstlichen Befugniß, Legaten in die Nationalkirchen abzuschicken. 8

III. Kapitel.

Prüfung der von dem gegenseitigen Hrn Verfasser zu Begründung seiner Säzen aus der Geschichte angeführten Stellen. 10

II. Betrachtung.

Ueber das eigentliche Verhältniß der gegenwärtigen Nuntiaturstreitigkeit zu dem Umfang der landesherrlichen Gewalt in Deutschland. 23

I. Kapitel.

Beweis, daß nach den eigenen von dem Verfasser der Antwort aufgestellten Grundsätzen die neuerdings durch den Pabst eingeführte Nuntiatur von deutschen Landesfürsten nicht sollte geduldet werden. 23

II. Kapitel.
Nähere Bestimmung der eigentlichen Streitfrage. 27

III. Kapitel.
Geschichte des Verhältnisses der deutschen Kirche. 34

IV. Kapitel.
Darstellung des Beweises, daß der deutsche Landesherr nicht befugt seye, päbstliche Nuntien mit Fakultäten in seine Staaten aufzunehmen, eine rechtliche Folgerung aus dem vorhergehenden Kapitel. 49

V. Kapitel.
Wirkliche Bestimmung des Verhältnisses der deutschen Kirche zur deutschen Staats- und Territorialgewalt. 55

III. Betrachtung.
Ueber die Frage: Ob, und wie weit die oberste Staatsgewalt Deutschlandes auf die angebrachten Beschwerden der deutschen Erzbischöfen in Ansehung der vorliegenden Nuntiaturstreitigkeit ernstliche Vorkehrungen zu treffen berechtiget seye. 63

I. Kapitel.
Bestimmung der hieher gehörigen Grundwahrheiten aus der Vernunft, und dem natürlichen, auch allgemeinen Kirchenstaatsrechte überhaupt. 63

Summarischer Inhalt V

II. Kapitel.
Entwickelung der verschiedenen Verhältnissen, in welchen nach dem Zeugnisse der Geschichte die kristliche Kirche zu den Staaten sich befunden. 66

III. Kapitel.
Rechtliche Darstellung jener Gründen, nach welchen unsere Staatsgewalt berechtiget ist, die obwaltende Nuntiaturstreitigkeit zu ihrer Erkenntniß zu ziehen. 75

IV. Kapitel.
Historische Entwickelung der von dem deutschen Staate der kristlichen Kirche verliehenen Rechten und Freyheiten. 79

V. Kapitel.
Rechtliche Beleuchtung der von der Nation mit dem päbstlichen Stule eingegangenen Verträgen, u. besonders der Fürstenkonkordaten 95

VI. Kapitel.
Zusammentrag jener Beweisgründen, daß die Nation auch nach den aschaffenburger Konkordaten sich noch auf solche Rechte berufen darf, welche durch die Annahme der Baseler Dekreten begründet worden. 130

VII. Kapitel.
Bedenklichkeiten, welche der Giltigkeit und fernern Fortdauer der aus den aschaffenburger Konkordaten für die Nation entstandenen Verbindlichkeiten entgegen stehen. 139

VIII. Kapitel.

Nähere Beleuchtung jenes Verschuldens, welches wegen zu Stande gebrachten westphälischen Frieden der Nation zu Last gesetzet werden will. 148

IX. Kapitel.

Widerlegung jener Gründen, welche der Beantworter zu Bestärkung seiner aufgestellten Sätzen aus dem tridentinischen Kirchenrath angeführet hat. 156

X. Kapitel.

Geschichte des 14. Artik. der kais. Wahlkapitulation, nebst Darstellung der rechtlichen Resultaten, die sich gegen die Nuntiaturgerichtsbarkeit daraus ergeben. 174

XI. Kapitel.

Prüfung jener Gründen, welche die Hrn Nuntiatur-Vertheidiger von der Verjährung, und einem rechtlichen Besitzstande herzuleiten suchen. 191

XII. Kapitel.

Zusammentrag jener besondern Umständen, welche es der deutschen Staatsgewalt zur Pflicht machen, in Ansehung der Nuntiaturstreitigkeit einmal wirksame provisorische Vorkehrungen zu treffen. 209

XIII. Kapitel.

Widerlegung einiger Einwendungen, und Beschluß. 217

Vorrede.

Seit dem sich die Nuntiaturstreitigkeit in Deutschland entsponnen hat, und dadurch alle Beschwerden der deutschen Nation gegen den römischen Hof in Bewegung gebracht worden, sind zwar schon viele Schriften für, und wider die Gerechtsame der deutschen Nationalbischöfen erschienen: Es wurde alles aufgesucht, was darauf Beziehung hat, und in unsern vaterländischen Jahrbüchern über diesen Gegenstand aufbewahret ist.

Die einzelne Sätze wurden von jedem nach dem ihm eigenen Gesichtspunkt aufgestellet, jeder suchte sie zu dem sich vorgesetzten Ziel zu benutzen: Es wurde Vieles gedacht und geschrieben; vielleicht auch mehr geschrieben, als überdacht ware. — Der Streit ist von der äussersten Wichtigkeit; der Gegenstand betrifft eine Sache, welche die ganze Nation beunruhiget; diese ist dermalen in dem Zustande einer Familie, die von ihrem eigenen Vater gedrückt wird: Sie wünschte, ihre den Deutschen immer so werth gewesene Freyheit zu behaupten, Unruhen, Unordnungen, und Beschwernissen von ihrem Staate abzuwenden, die nach der Absicht Christi von allen freyen Nationen entfernet seyn sollten, ohne jedoch jene Bande zu zerreissen, die nach den Verheissungen des göttlichen Stifters der kristlichen Religion immer bestehen sollen. Der katholische Theil der deutschen Nation ist in der Lage jener Kinder, die gegen ihren eigenen Vater Freyheit, und Gerechtsame vertheidigen müßen, ohne daß ihnen erlaubt ist, die ihm schuldige Ehrerbietung auch nur im Mindesten ausser Acht zu lassen, und

ohne

ohne daß selbst die oberste Gewalt des Staats sie von dem unserm Kirchenoberhaupt schuldigen Gehorsame lossprechen könne.

Es machte sich bisher jeder Schriftsteller seinen eigenen Plan, und bearbeitete die Sache von jener Seite, von der sie ihm am wichtigsten schiene: Sie mußten öfters mißverstanden werden, weil sie nicht gewisse Sätze zur Evidenz gebracht haben, die voraus richtig gestellt seyn müßen, wenn von Seiten der obersten Gewalt des deutschen Staates gewisse durchgreifende Maßnehmungen sollen getroffen werden.

Vielleicht wird die Sache ehender von allen Seiten aufgeklärt; vielleicht entdecken sich ehender Auskunftsmittel, wornach sich die deutsche Staatsgewalt benehmen kann, wenn einige Schriftsteller, unter Beybehaltung der behörigen Bescheidenheit, ihre einmal aufgestellte

gegen-

gegenseitige Sätze auffassen, um solche in nähere Erwägung zu ziehen, und dadurch die Sache von allen Seiten aufzuklären.

Im verwichenen Jahre erschiene gegen das von Kurköln bey dem Reichstage übergebene Pro Memoria eine Beantwortung, darin der Verfasser gründliche Kenntnisse der deutschen Staatsverfassung, und des Kirchenverhältnisses an den Tag legte. Es schiene, daß es ihm nicht um Rechthaberey, sondern um Ergründung der Wahrheit zu thun war.

Als Lay, als bloser Geschäftsmann, der seine meiste Zeit blos laufenden Berufsgeschäften widmen muß, der mit dem Herrn Verfasser des Pro Memoria eben so wenig, als mit jenem der Beantwortung in der mindesten Verbindung stehet, dem aber die Ruhe unsers deutschen Vaterlandes, besonders Friede und Einigkeit

Vorrede

zeit in unserer katholischen Kirchenverfassung, und vorzüglich der Wunsch am Herzen liegt, daß jene Verbindung mit dem Oberhaupte der Kirche, nie aus jenem Standorte gebracht werde, worinn sie nach dem Geiste Christi, und der Aposteln gesetzet ist, wage ich es, bey meinen wenigen Nebenstunden jene Beantwortung näher zu prüfen, davon ich das Resultat dem Publikum hiemit vorlege.

Ich lasse mir ganz gerne gefallen, daß meine dabey aufgestellte Sätze vom Verfasser der Beantwortung noch gründlicher erwogen, noch näher geprüfet werden, und ich mit meinen allenfallsigen Irrthümern zu Recht gewiesen werde, wenn es nur mit jener Schonung geschieht, die ich mir bey gegenwärtiger Bearbeitung zum Gesätz machte, und die der Herr Verfasser bey jener Beantwortung ebenfalls mit Recht verlangte.

Unsere

Unsere beyderseitige Mühe wäre hinlänglich belohnet, wenn wir nur einige näher zum Ziel führende Ideen erregten, und dadurch in der Ferne etwas beytragen würden, um der deutschen Kirche ihre gesetzliche Freyheit zu verschaffen, und allen weitern Gährungen vorzubeugen, die für die Religion und den Staat von gefährlichen Folgen seyn können.

I. Betrachtung.
Ueber die Natur der katholischen Kirchenverfassung, und vom Recht des römischen Stuls, Abgeordnete in die National-Kirchen zu schicken, überhaupt.

I. Kapitel.
Von der eigentlichen Beschaffenheit unseres katholischen Kirchenregiments.

§. I.

Der göttliche Stifter unserer Religion suchte, da er aus dieser Zeitlichkeit sich entfernte, seinen sämtlichen Aposteln, vorzüglich wechselseitige Liebe und Eintracht auf das tiefeste einzuprägen. Daran, sagte er, wird man erkennen, daß ihr meine Schüler seyd (a).

A Wenn

(a) Joan. Cap. III. Mandatum novum do vobis, ut diligatis invicem, sicut dilexi vos; in hoc cognoscent omnes, quia Discipuli mei estis, si dilectionem habueritis invicem.

Wenn man das Leben und die Lehren Christi im Zusammenhang überdenket: so findet sich nicht die mindeste Spur, daß derselbe dem einen Theil der Aposteln einen blinden Gehorsam, eine vollkommene Unterwürfigkeit auferlegt, dagegen dem andern eine gränzenlose Gewalt über die anderen bey Stiftung seiner Kirche aufgetragen habe; blos wechselseitige Liebe und Einverständniß ware es, was er ihnen am nähesten ans Herz legte, und als das vorzüglichste Unterscheidungszeichen ihnen anempfohlen hat. Er versicherte sich deswegen erst durch eine dreymalige Frage an Petrum der aufrichtigen Liebe gegen ihn und seine Lehre, bevor er ihm die Weidung seiner Schaafe auftruge, um dadurch anzuzeigen, daß jene Sorgfalt und Aufsicht, die er in seiner Kirche eingeführt haben wolle, blos ein Reich der Liebe und väterlichen Güte seyn solle.

§. 2.

Van Espen lehret dahero ganz wohl, daß Christus bey Stiftung seiner Kirche kein Regiment, so wie jenes eines Herrn über seine Diener, sondern blos die Verfassung eines gütigen und sorgfältigen Vaters gegen seine Kinder habe begründen wollen, wo mehr durch Liebe und Ueberzeugung, als durch Furcht die Untergebene zu Befolgung der Gesätze auf eine angemessene Art geleitet werden (b).

§. 3.

So tief wir in der katholischen Kirche den

(b) Van Espen in Jure canon. univ. adferit: Certum eft, Chriftum noluiffe regimen Ecclefiæ imperium effe, aut poteftatem Dominorum in fervos, fed paternum potius, feu quafi patris in filios, qui amore potius, & dilectione, quam timore, & imperio ad legum obfervantiam alliciuntur, & fuaviter adducuntur. Unde, priufquam Petro ovium fuarum curam & regimen Chriftus committeret, trina interrogatione Petri in fe amorem exploratum voluit, ut ita oftenderet, curam iftam, ac regimen debere effe regimen amoris.

den Primat des römischen Stuls zu verehren verbunden sind; so allgemein anerkannt ist dagegen, daß die Verfassung unserer Kirche hierarchisch seye, gemäß welcher jeder nach einer gewissen Stufenfolge jene Gewalt in seinem Bezirk ausübt, welche die Natur seines Amts mit sich bringt. Wenn nun jeder stufenmäßig in seinem Standorte wirket, von dem Oberhaupte aber väterlich gewacht, und gesorget wird, daß jeder nach seinem Verhältniß mit Eifer zu dem gemeinschaftlichen Ziel fortschreite, und seine Pflicht erfülle; wenn gegen jene, die diesem nicht nachkommen, erst, nachdem väterliche Ermahnung, brüderliche Warnung, und ängstliche Vorstellungen nichts gefrüchtet haben, endlich auch ernstliche Vorkehrungen getroffen werden, und gemäß der dem Primat anklebenden Jurisdiktion Gehorsam verlanget wird: so wird dadurch jene Harmonie der Kirchenordnung unterhalten, die dem Hauptendzwecke derselben, nämlich allgemeiner Ruhe und Friede, am angemessensten ist, und die jenem

nem göttlichen Geiste, davon die kristliche Religion das Gepräge an sich hat, am nächsten kommt.

§. 4.

Schon nach der Eigenschaft dieser Verfassung werden die Wirkungen des Primats dahin beschränket, daß durch diesen nicht unmittelbar besorget werden kann, was nach der hierarchischen Stufenfolge andern zu besorgen, und zu verwalten aufgetragen ist. Wenn von dem obersten Primate diejenige Gewalt unmittelbar ausgeübt werden will, die einem Kirchenvorsteher der untern Klasse schon anvertrauet ist, und wofür diese zu haften schuldig sind: so entstehet eben so sehr Verwirrung in der Kirchenverfassung, als wenn die untergeordneten Kirchenvorsteher in Erfüllung ihrer Obliegenheiten sich verschiedenes zu Schulden kommen lassen, und sich vielleicht etwas anmaßen, das der obersten Gewalt zustehet: es wird dadurch der Geist jener Ordnung eben so sehr gestöhret, die in einer Geſellſchaft unverbrüchlich ſeyn muß, welche Tugend und Menſchenbeßerung zum Zwecke hat: es muß dadurch die brüderliche Eintracht und Liebe unterbrochen werden, die nach dem ausdrücklichen Befehl des göttlichen Stifters das Unterſcheidungszeichen kriſtlicher Kirchenvorſteher ſeyn ſolle.

§. 5.

Allgemeine Staatsrechtsſätze ſind keine andere, als ſolche, die aus der Natur, und dem Weſen eines jeden Staates ſich ergeben, davon das Gegentheil mit der Aufnahme und dem Wohl eines Staates nicht beſtehen kann, ſo daß, wenn zuzeiten etwas entgegengeſetztes Platz findet, ſolches nicht anders, als eine Ausnahme von der Regel zu betrachten ſeye, davon der Fall nur ſelten eintreten kann. Die Verfaſſung der katholiſchen Kirche, iſt, wie geſagt, und von niemand beſtritten wird, hierarchiſch; Ordnung, Eintracht, und Stufenfolge iſt das Weſentliche derſelben.

selben. Die allgemeine Kirche ist in besondere National- und Provinzialkirchen eingetheilet. Der Inbegriff der ganzen Kirchengewalt ist nach den Stufen der Hierarchie zwischen dem obersten Bischofe, den Erzbischöfen, Bischöfen und Priestern solchergestalt abgetheilt, daß wenigstens in den einzelnen Kirchenbezirken für päbstliche Abgeordnete keine Kirchengewalt mehr auszuüben übrig ist, wenn anders die allgemein anerkannte hierarchische Stufenordnung dadurch nicht gestöhret werden soll. Der Wirkungskreis einer Gerichtsbarkeit päbstlicher Abgeordneten ist schon nach der Natur der Kirchenverfassung selbst als eine Ausnahme von der Regel, und als ein auserordentlicher Fall zu betrachten. Der von dem Hrn Verfasser des kurkölnischen Pro Memoria §. 2. aufgestellte Grundsatz bleibt demnach auch bey der genauesten Zergliederung und tiefesten Abstraktion immer als eine dem allgemeinen Kirchenstaatsrechte vollkommen angemessene Wahrheit aufrecht stehen.

II. Ka-

II. Kapitel.
Rechtliche Bestimmung der päbstlichen Befugniß, Legaten in die Nationalkirchen abzuschicken.

§. 6.

Bey dieser Beschaffenheit unseres Kirchenregiments kann die Absendung gewisser päbstlicher Legaten, um unmittelbar im Namen des Oberprimats diejenige Gewalt auszuüben, die nach der hierarchischen Stufenordnung gewissen Bischöfen und Erzbischöfen anvertrauet ist, mit dem Geiste der ältern und neuern Kirchenverfassung unmöglich bestehen, solang Liebe und Eintracht das Kennzeichen derselben seyn soll: es seye dann, daß gewisse Bischöfe und Erzbischöfe entweder überführet, oder wenigstens sind angeklagt worden, daß sie auf Irrlehren verfallen, und diese Anklage bescheiniget ist; es seye dann daß die Erz- und Bischöfe ihre fehlend Mitbrüder nicht gewarnet haben, bey ihnen etwas auszurichten unvermögend gewesen sind, oder auf sonstige Art der ihnen

nen anvertrauten Gewalt sich unwürdig gemacht haben.

Die Abordnung solcher Legaten, wodurch nachtheiligen Folgen für die Kirche Christi vorgebogen wird, wenn z. B. die Reinigkeit des Glaubens in Gefahr kommt, Irrlehren einreissen, oder auch auf sonstige Art die Einigkeit der Kirche Bedenklichkeiten ausgesetzet ist: desgleichen die Absendung der Legaten, um gewisse Kirchenvorsteher von Zeit zu Zeit zu mehrerem Eifer in ihrem Amte, zu genauerer Erfüllung ihrer Obliegenheiten väterlich zu ermahnen und zu ermuntern, ja selbst nach fruchtlosen Ermahnungen den Kirchengehorsam von ihnen zu fordern, dieß ist nie und kann auch nie von jenen bestritten werden, die zur katholischen Kirche sich bekennen: allein die Begründung ständiger Nuntiaturen, wodurch in den Nationalkirchenbezirken gleichsam wieder besondere Kirchensprengel errichtet, und italienische Richterstüle für Rechtssachen aufgestellet werden, zu deren Erörterung

die

die deutschen Diocesangerichte längstens bestimmt sind, dieß ist der Gegenstand, worüber von Seiten der deutschen Kirchenvorsteher eben so gerechte, als laute Klagen geführet werden, und von solchen Nuntiaturgerichten kann von dem Verfasser des kurkölnischen ProMemoria mit Recht gesagt werden, daß sie weder in den ältern, noch mittlern Zeiten anzutreffen sind.

III. Kapitel.
Prüfung der von dem gegenseitigen Hrn Verfasser zu Begründung seiner Sätzen aus der Geschichte angeführten Stellen.

§. 7.

Die vom Gegentheil angeführte Stellen beweisen nach meiner geringen Einsicht dasjenige nicht, was er zu Begründung seiner aufgestellten Sätzen darthun wollte. Die päbstlichen Legaten, welche nach seiner Anführung pag. 10. und 12. von den Päbsten Libesius, Leo, und Agapetus an den Kaiser Constantius abge=

abgeschickt worden, hatten lediglich die Irrlehren, deren Athanasius beschuldiget wurde, und die Ketzereyen des E y t i ch e s, überhaupt aber die Erhaltung der Reinigkeit des Glaubens zum Gegenstand ihrer Sendung: daß in solchen Fällen, und zu solchem Behuf der oberste Kirchenvater Legaten an die Potentaten der Christenheit abzuschicken befugt seye, ist bereits zugegeben. Von jener Gewalt, die der römische Stul den Bischöfen zu Thessalonien von Zeit zu Zeit ertheilet hat, kann auf das Verhältniß der deutschen Bischöfe, noch weniger auf die gegenwärtige Streitfrage ein Schluß gemacht werden. Thessalonien war erstlich der Hauptsitz von ganz Illyrien, das in mehrere Kirchensprengel eingetheilet ware, denen ihre eigene Bischöfe, und Erzbischöfe vorgesetzet waren, wenn an der Spitze dieser verschiedenen Kirchen Namens des päbstlichen Stuls Legaten aufgestellet wurden, um die dem Primate anklebenden Rechte und Pflichten auszuüben, um auf die Aufrecht-

hal-

haltung der Kirchensatzungen, und der Kirchenzucht Bedacht zu nehmen, wenn sie sorgfältig wachten, daß von den einzelnen Kirchenvorstehern daselbst (die damals nicht so beschaffen waren, daß man sie ohne Gefahr ausser Aufsicht belassen konnte) ihre Obliegenheiten erfüllt wurden, so konnte dieses ohne Verletzung der in der Kirche eingeführten hierarchischen Stufenordnung, und ohne Nachtheil der bischöflich- und erzbischöflichen Diocesan-Gerechtsamen Platz finden.

§. 8.

Wäre ein päbstlicher Legat an die Spitze des deutschen Reichs abgesendet, oder auch einem der ersten National Kirchenvorsteher als Vicario der Auftrag ertheilet worden, unter der Oberaufsicht des allerhöchsten Reichsoberhauptes, und höchster Ständen, Namens des päbstlichen Stuls, von, wegen, und im Namen des päbstlichen Primats zu wachen, daß keiner der deutschen Kirchenvorsteher sich in

Ver-

Verwaltung seines geheiligten Amtes etwas zu Schulden kommen lasse, eine Obliegenheit, die zwar jeder Erzbischof gegen seine Suffragan=Bischöfe, und diese gegen ihren Erzbischof haben, eine Obliegenheit, die jedem Domkapitel nach der deutschen Kirchenverfassung aufgetragen ist; so zweifle ich, daß gegen einen solchen Legaten oder Vicarium von den deutschen Erzbischöfen wäre geklagt worden, ihre Amtsverwaltung kann und darf beobachtet werden; allein es sind päbstliche Nuntien abgesendet worden, die vermög ihrer Facultäten nicht die dem Primate in Deutschland zukommende Rechte ausüben, sondern mitten in den einzelnen deutschen Diöcesen Gerichtsstüle errichten, die zu gänzlicher Zerstöhrung aller hierarchischen Stufenordnung eine Gewalt ausüben sollten, welche die einzelnen Kirchenvorsteher auf ihren Gewissen und Pflichten haben, die dermalen abgesandte Nuntien beschäftigen sich damit, die Untergebene der Erz= und Bischöfen irre zu führen, die Gewissen der

deut=

deutſchen Bürger zu beunruhigen, dem Geiſte der Ungerechtigkeit neue Ausflüchte zu verſchaffen, und am Ende das Geld der guten Deutſchen über die Alpen zu ſchleppen. Ueber dieß lehret uns die Geſchichte, daß Illyrien, welches vorhin unter dem Patriarchen von Conſtantinopel geſtanden, ſich dem römiſchen Patriarchen durch beſondere Verträge unterworfen hat, daß folglich Illyrien unter beſonderer Obſorge des römiſchen Hofes ware, mithin jene Gerechtſame, die im Namen des römiſchen Hofes daſelbſt ausgeübt worden, demſelben nicht in der Eigenſchaft als Primas der ganzen Chriſtenheit, ſondern als Patriarch dieſer Gegenden zuſtändig geweſen ſind (c). Es können demnach ſolche Grundſäze bey dem gegenwärtigen Ver‐
hält‐

(c) Ratio exceptionis eſt, quod Illyricianæ Provinciæ, ut occidentalium partium quædam portio ad romanum Pontificem jure *peculiari* pertinebant, heißt es in not. b. ad Epiſtolam 4. Anaſtaſio Epiſcopo Theſſalonicenſi a S. Leone ſcriptam Vid. Appendix. ad S. Leonis Magni opera Tom. II. pag. 801. edit. Paris.

hältniſſe der deutſchen Kirche keineswegs als Beweiſe angeführet werden (d).

§. 9.

Selbſt der von dem Hrn Gegner angeführte **Petrus de Marca** zeigt uns aus dem 60ten Briefe des Pabſts Leo an Julianum, daß den damaligen Legaten blos eine Sorgfalt und Oberaufſicht für das Wohl und die Aufnahme der Religion, nichts weniger aber als eine Gerichtsbarkeit zu Kränkung der Dioceſangerechtſamen anvertrauet worden ſeye (e). Noch

merk-

(d) Conf. Pet. de Marca in Diſſertat. de Concordia Sacerdotii & Imperii Lib. V. pag. 175. „Occidentis Eccleſias, atque „adeo Illyricam pertinuiſſe ad ſpecialem „curam R. Pontificis, non ſolum ob Prin„cipatum, quem romana Sedes obtinet „in Eccleſia univerſali; ſed quod Epiſ„copus Rom. ſit Patriarcha Occidentis: „nam olim ſolidum Illyricum accenſeba„tur Occidenti.‟

(e) Pet. de Marca l. c. Cap. 15. ubi legitur: „Sed obſervandum eſt, eo tempera„mento adhibito delegatam Juliano fu„iſſe vicem apoſtolicæ Sedis, ut nullam „cauſſæ cognitionem ſuſciperet, quæ re„licta

merkwürdiger ist, daß eben dieser **Petrus de Marca** an dem Ende des 15ten Kapitels zum Beweis, daß in den glücklichen Zeiten der Kirche die Legaten blos ausgesendet worden, um Namens des römischen Stuls einige Sorgfalt und Auffsicht auszuüben, sodann die Verbreitung und Umsichgreiffung der Irrlehren zu verhüten,

die

„licta est Episcopis Provinciarum: (hic „est enim sensus horum Leonis verbo-„rum) consulente autem Dilectione tua „de his, in quibus putaveris ambigen-„dum, non deerit relationibus tuis meæ „responsionis instructio, ut sequestrata „eorum actione caussæ (fortasse legen-„dum: Sequestrata actione caussarum) „quæ in quibuscunque Ecclesiis Præsu-„lum suorum debent cognitione firmari; „hac speciali cura vice mea functus uta-„ris, ne hæresis Nestoriana, vel Eytichi-„ana in aliqua parte revirescat; quia in „Episcopo Constantinopolitano catholi-„cus vigor non est."

An den Kaiser Marcianum Augustum schrieb der nämliche Pabst **Leo**: „Suggestiones „autem fratris, & Coepiscopi mei Julia-„ni, quem pietati vestræ commendo, „quæso, ut benignius, sicuti facitis au-„diatis; hoc enim fratri meo Anatolio „proderit, si eum, quem pro catholico „dogmate illic esse volui, dignanter ha-„beatis."

die nämliche Stelle eines Schreibens des Pabsts Leo an Pulcheriam anführet, worauf sich der Verfasser der Beantwortung berufet, um gegen den Verfasser des Pro Memoria darzuthun, daß schon in den ältern und mittlern Zeiten der Kirche Gerichte päbstlicher Nuntien, oder Nuntien mit Facultäten bestanden hätten (f). Es lehret uns weiter der nämliche Petrus de Marca in dem nämlichen von dem

B   Ver-

(f) Pet. de Marca l. c. Cap. 15. sub Nro 6. „Ita extraordinaria quædam sollicitudo, „specialis cura, & actio catholica adver„sus hærefes erga Principes Juliano de„mandata eſt, non autem jurisdictio ali„qua, vel caussæ cognitio, seu actio ju„dicialis &c." Weiter: „Hujus Vicarii „munus, Leonisque erga Auguſtos ob„sequium elegantius explicant ista ad Pul„cheriam verba: cum in caussa fidei, cui „gloria vestra famulatur, vicem ipse me„am eatenus delegarim, ut ab ea, quæ „vobis debetur, observantia non rece„dens pietati me vestræ præsentare non „desinat, exequens, in custodia fidei, & „in ecclesiasticis disciplinis per omnia sol„licitudinem, & opportunis suggestioni„bus, quod universali Ecclesiæ prosit, „insinuans, ut in ipso nec catholicis ve„strum præsidium, quibus volumus sub„venire, nec vobis meum desit obsequium.

Vertheidiger der Nuntien angeführten 16. Kapitel sub Nro 4, daß damals sämtliche Patriarchalsitze bey dem kaiserl. Hofe ihre sogenannten Apocrysiarios gehabt haben, um in Betreff der Angelegenheiten der ihnen untergeordneten Kirchen bey den Regenten Vorstellungen zu machen, daß dieses folglich kein besonderer Vorzug des römischen Hofes gewesen seye. Dieß waren also sicher keine Legaten der Art, und mit jener Gewalt, die man in neuern Zeiten der deutschen Nation aufdringen will, und die uns so lästig fallen (g).

Es

(g) „Hinc factum est, ut, qui car.Tas eccle-
„siarum agebant, Apocrysiarii diceren-
„tur apud Justinum, qui vetat Episcopos,
„ne ad comitatum accedant: propterea
„sancimus, siquando propter ecclesiasti-
„cam occasionem inciderit necessitas,
„hanc aut per eos, qui res agunt S.S.
„Ecclesiarum, quos Apocrysiarios vo-
„cant, aut per aliquot Clericos huc de-
„stinatos, aut per suos oeconomos notam
„imperio facere, aut nostris administra-
„toribus, ut impetrent, quod competens
„est, quod ita intelligendum est, ut non
„singulis Ecclesiis, sed tantum singulis
„Sedibus patriarchalibus sui essent Apo-
„crysiarii, qui suæ Dioeceseos negotiis
„in comitatu imminerent."

Es zeiget der nämliche Autor in dem nämlichen Kapitel sub Nro 5. daß die Gewalt dieser Apocrysiarien damals keineswegs einige Gerichtsbarkeit mit sich geführet hat, noch weniger die Befugniß, zum Nachtheil der Ordinariats-Gerechtsamen einige Kirchengewalt auszuüben (h) sondern bloß das Recht, die Regenten zu bitten, zu ermahnen, in Betreff ihrer Kirchenangelegenheiten Vorstellungen zu machen. Der so oft angeführte Petrus de Marca Cap 17. sub Nro 3. beweiset endlich aus der Geschichte, daß auch unter den Päbsten Pelagio II. und

Gre-

(h) „Agapetus Papa Pelagium Ecclesiæ suæ „Diaconum Apocrysiarii munere hone„stavit, anno 536. quo apud Justinianum „fungeretur, ut nos docuit Liberatus in „Breviario Cap. 22. Constituens Papa „apud Imperatorem Apocrysiarium Ec„clesiæ suæ Pelagium Diaconum suum, „dum in Italiam diverti disponit, Con„stantinopoli obiit, quo munere non est „illi exercendæ jurisdictionis collata fa„cultas, sed tantum monendi, interpel„landi Principis, suggestionis, non acti„onis, quemadmodum in Juliano Cocensi „Leo muneris hujus exemplar, & imagi„nem expresserat."

Gregorio dem Großen den päbstlichen Abgeordneten keine richterliche Gewalt, oder eigene Gerichtsbarkeit in den Dioceſen anderer Biſchöfen zuſtändig geweſen ſeye, wenn ſie nicht in einzelnen Fällen entweder von den Regenten ſelbſt, oder von dem päbſtlichen Hofe, wenn es in die Rechte des Primats einſchlug, hiezu einen beſondern Auftrag erhielten (i).

Van Espen in der von dem gegentheiligen Schriftſteller ſelbſt allegirten Stelle, nachdem er aus den Briefen Leonis jene Aufträge beſtimmt beſchrieben hat, welche der Pabſt ſeinem Stellvertreter des Patriarchats in Illyrien, dem Biſchofe Anaſtaſio zu Theſſalonien ertheilet hatte, zeiget uns aus den nämlichen Briefen, daß er dieſen Legaten auf das ſchärfeſte angewieſen habe, die Rechte der Biſchöfen und Metropolitanen unangefochten

---

(i) „Jurisdictionis autem nullam partem „attingebant Responsales, nisi ex delegatione speciali, quæ aut a Principe „fiebat aliquando, aut a summo Pontifice.

fochten zu laſſen, und nicht das mindeſte vorzunehmen, wodurch ſolche verletzet, oder denſelben der mindeſte Abbruch geſchehen könnte (k).

§. 10.

Alle dieſe angeführte Stellen beweiſen nach ihrem Zuſammenhang gerade das Gegentheil von dem, was der Hr Vertheidiger der Nuntiatur-Gerichtsbarkeit behaupten wollte. Da er aber den Beweis übernommen hat, daß ſchon in den ältern

---

(k) Van Espen in jure eccl. univ. Tom. I. pag. 190. & Epiſtola Leonis 12ma ad Anaſtaſium Epiſcopum Theſſalonicenſem: Sic caſtigato, increpatoque Anaſtaſio ob transgreſſos ſuæ autoritatis limites nova dat mandata ſumta partim ex veteribus, quæ heic vel explicantur, vel illuſtrantur, partim de novo addita, atque ex his notanda præſertim ſequentia: Primum, quod his verbis exprimitur, ſecundum SS. Patrum Canones ſpiritu Dei conditos, & totius mundi reverentia conſecratos, Metropolitanos, ſingularum Provinciarum Epiſcopos, quibus ex delegatione noſtra fraternitatis tuæ cura prætenditur, jus traditæ ſic antiquæ dignitatis intemeratum habere decernimus, ita, ut a regulis præſtitutis nulla aut negligentia, aut præſumtione diſcedant.

ältern und mittlern Zeiten der Kirche Gerichte der Nuntien in einzelnen Provinzen und Diocesen bestanden haben: so darf man wohl den Hrn Verfasser der Antwort erinnern, ob er nicht die von ihm selbst so sehr angerühmte Bescheidenheit überschritten habe, da er den Hrn Verfasser des Pro Memoria einer gänzlichen Unwissenheit in der Geschichte, oder gar einer Unredlichkeit beschuldigte. Sollte nicht bey näherer Prüfung vielmehr der letztere Vorwurf auf den Hrn Beantworter zurückfallen: denn, da er selbsten gezeiget, daß er jene Autoren nachgeschlagen, worinn jene Stellen enthalten sind, welche die Sätze des Pro Memoria bestärken; so hat man allen Grund zu vermuthen, daß er geflissentlich nur jene Stellen einzeln herausgehoben, und so zusammengeordnet habe, wie sie für die in seiner Beantwortung aufgestellte Behauptung einiger Massen anpassend werden konnten. Und ich wäre begierig jene Gründe des Alterthums und der Kirchengeschichte näher zu vernehmen,

nehmen, die nach der Nota pag. 37 der Beantwortung den Hrn Verfaſſer in der Meinung unterſtützen könnten, daß die Gewalt der Legaten damals nicht in der bloſen Oberaufſicht, und Erhaltung der Einigkeit, ſondern auch in Ausübung einer ſtändigen Gerichtsbarkeit beſtanden habe.

II. Betrachtung.
Ueber das eigentliche Verhältniß der gegenwärtigen Nuntiatur-Streitigkeit zu dem Umfang der landesherrlichen Gewalt in Deutſchland.

I. Kapitel.
Beweis, daß nach den eigenen von dem Verfaſſer der Antwort aufgeſtellten Grundſätzen die neuerdings durch den Pabſt eingeführte Nuntiatur von deutſchen Landesfürſten nicht ſollte geduldet werden.

§. II.

Da der Hr Verfaſſer in ſeinem zweyten Abſchnitte pag. 15. die Bedingniſſe beſtimmet, unter welchen in neueren Zeiten ein

ein Landesfürst einen Nuntium mit Gerichtsbarkeit in seinen Staaten aufzunehmen befugt seye: so räumet er selbst ein, daß solches auf eine Art geschehen müße, daß die bischöfliche Gerechtsame dadurch nicht benachtheiliget würden. Nun gibt aber jene Instruktion, oder Fakultäten, die dem Hrn Nuntio zu Köln und München ertheilet worden, die zum Theil schon in der Geschichte der Münchner Nuntiatur pag. 53. und in der Fortsetzung der unparteyischen Gedanken, ganz neuerlich aber in der kurzen Beleuchtung der Fakultäten päbstlicher Nuntien pag. 17. bis 103. abgedruckt worden, den überzeugenden Beweis, daß durch Aufschlagung dergleichen Nuntiatur-Richterstüle die Absicht dahin gehe, die richterliche Gewalt der deutschen Kirchenvorsteher zu untergraben, und die in der katholischen Kirchen allgemein eingeführte hierarchische Stufenfolge gänzlich in Verwirrung zu bringen.

Das

Das von dem Nuntius Pacca an den Clerum der mainzischen, trierischen und kölnischen Dioces erlaſſene Circulare, die Art, wie ſich die münchner Nuntiatur benommen hat, um ſich einen Anhang zu verſchaffen, ihre Einmiſchung in Geſchäfte, die für die Dioceſan-Biſchöfe gehören, ſind nach Ausweis der Geſchichte des unjuſtificirlichen Betragens auffallende Proben, daß die Glieder der deutſchen Kirche auf Abwege geführet, und die Gewiſſen der deutſchen Bürger ohne Noth beunruhiget werden, hiedurch muß nothwendig Verwirrung in der Kirche, und im Staat entſtehen.

§. 12.

Durch das Schreiben des heil. Vaters an den Biſchofen von Freyſingen wird das deutſche Publikum nur zu lebhaft überzeugt, daß Ihro päbſtliche Heiligkeit durch falſche Vorſpiegelung übel denkender Kurialiſten verleitet worden, und nicht blos jene väterliche Sorgfalt, die allein dem

Geiſte

Geiste unsers göttlichen Kirchenstifters angemessen ist, über die deutschen Kirchenvorsteher auszuüben gedenken; sondern daß Sie die Gewalt eines strengen Souverains gegen seine Unterthanen behaupten. Es ergiebt sich aus diesem Schreiben, daß Ihre päbstliche Heiligkeit ihre deutsche Mitbrüder in dem Apostelamte nicht lieben, und nach der Vorschrift ihres göttlichen Meisters, nicht Liebe und Eintracht unter ihnen zu erhalten bedacht sind; sondern selbst widrige Gesinnungen bey dem einen gegen den andern zu erregen keinen Anstand nehmen, man sucht sogar in diesem Schreiben kaiſ. Majestät den Reichsständen verdächtig zu machen. Alle diese Beweise liefern nach den von dem gegentheiligen Verfasser selbst aufgestellten Sätzen schon Gründe genug, warum der Hr Nuntius Zoglio, dessen Fakultäten nichts als offenbare Eingriffe in die Rechte der Bischöfe enthalten, von den deutschen Landesherren hätte sollen zurück gewiesen werden.

§. 13.

§. 13.

Um aber die Frage, in wie weit der deutsche Landesherr befugt seye, Nuntien mit Fakultäten in seinen Staaten aufzunehmen, zu erörtern, wird erforderlich seyn, die wahre Eigenschaft der Streitfrage, die dermalen die deutsche Kirche so sehr beunruhiget, etwas näher zu bestimmen.

II. Kapitel.

Nähere Bestimmung der eigentlichen Streitfrage.

§. 14.

So wie ich die Sache einsehe, wird eigentlich darüber gestritten: 1) Ob überhaupt eine gewisse Gattung von Gewalt die weder aus dem Primat fließt, weder dem Pabst von einer allgemeinen Kirchenversammlung, noch von der deutschen Nation übertragen ist, unmittelbar von dem höchsten Oberhaupt der Kirche, oder durch Nuntien in Deutschland ausgeübt werden könne? Die 2te Frage insonderheit ist:

Ob

Ob die Vorsteher der deutschen National-Kirchen verbunden seyen, die durch ihre rechtmäßige Gewalt ausgesprochene richterliche Urtheile in einer höhern Instanz durch einen römischen Nuntium untersuchen zu lassen? Hierin bestehet eigentlich der Streit zwischen dem höchsten Oberhaupt, und den deutschen Mitregenten der Kirchenhierarchie.

§. 15.

Durch Dultung der Nuntien mit Fakultäten in seinen Staaten entscheidet der deutsche Landesherr den in der Kirchenhierarchie obwaltenden Streit zu Gunsten des Obersten unter den streitenden Mitregenten der katholischen Kirche in Deutschland, kann er dieses? Wären die deutschen Bischöfe und Erzbischöfe blos als Beamte und Delegirte des römischen Hofes zu betrachten: so thut freylich der Untergebene in solchen Collisionsfällen am sichersten, wenn er unmittelbar dem ersten, der die oberste Gewalt in Händen hat, seine

ne Unterwürfigkeit bezeiget; daß aber die Bischöfe und Erzbischöfe nicht als bloſe Beamte des Pabſtes angeſehen werden dörfen, daß ſie ihren eigenen Antheil an der Kirchengewalt haben, dieß iſt in dermaligen Zeiten unter Katholiken nicht mehr ſtreitig; ſogar der Kirchenrath von Trient hat ihnen hierin Gerechtigkeit wiederfahren laſſen (l).

§. 16.

(l) Concilium Trident. Seſſ. 23. de ordine Cap. IV.— Der heil. Cyprianus drückt ſich darüber folgender Maßen aus: „Por-„tio gregis fuit adscripta, quam regat „unusquisque Episcopus, & gubernet." —Vid. S. Ambros. in Pſalm. 38. pag. 858. „Tibi, inquit, claves dabo regni coelo-„rum, ut solvas, & liges." Quod Petro dicitur, Apostolis dicitur; non potestatem usurpamus, sed servimus imperio. Idem Lib. II. de Spiritu S. pag. 664. Nec Paulus inferior Petro, quamvis ille Ecclesiæ fundamentum, & hic sapiens Architectus sciens vestigia credentium fundare populorum; nec Paulus, inquam, indignus Apostolorum collegio, cum primo quoque facile conferendus, & nulli secundus: nam qui se imparem nescit, facit æqualem,

§. 16.

Man wird mir einwenden: der deutsche Landesherr seye als Regent seiner Staaten verbunden, seine Kirche zu schützen; er seye berechtiget, solche Vorkehrungen zu treffen, daß durch die kirchliche Einrichtungen seinem Staate kein Nachtheil zugehe; er seye verpflichtet, für die Gewissens-Beruhigung seiner Unterthanen zu sorgen. Und wenn (wie es sich vielleicht besonders mit den kurpfälzischen Staaten verhält) ein landesherrlicher Staat unter mehrere Diœcesen vertheilt ist, davon der eine Ordinarius strenger, der andere nachgiebiger in Ertheilung der Dispensen von gewissen Kirchensatzungen ist; so würde dadurch eine Ungleichheit in Brobachtung der Kirchengeboten in seinen Staaten veranlasset, wodurch Verwirrung entstehen, und selbst die Eintracht unter den Mitbürgern gestöhret werden könnte: er seye also berechtiget, sich mit Uebergehung der so verschieden gesinnten

Ordi=

Ordinarien unmittelbar an das höchste Kirchenoberhaupt zu wenden, um diese nachtheilige Folgen von seinem Staate abzuwenden.—

Daß der deutsche Landesherr verpflichtet seye, die deutsche Kirchen, in wie weit sein Landesbezirk denselben untergeordnet ist, zu unterstützen, und zu schützen, dieß kann von niemand bezweifelt werden. Daß derselbe berechtiget seye, durch die ihm zustehende Regentengewalt alles abzuwenden, was von der Kirche, und ihren Vorstehern zum Nachtheil des Staates, und seiner Bürger vorgenommen werden könnte, dieß leidet eben so wenig den mindesten Widerspruch.

§. 17.

In dem angeführten besondern Fall wäre der deutsche Landesherr befugt gewesen, bey jenen Kirchenvorstehern, in deren Diocesen seine Staaten vertheilt sind, den Antrag zu machen, sich über Beibehaltung oder Aufhebung jener Kirchensatzungen,

wo-

worüber in neuern Zeiten so verschiedene Grundsätze geheget werden, gemeinschaftlich zu vereinbaren, damit die Unterthanen seiner Staaten nach gleichen Vorschriften geleitet, aller Anlaß zu Gewissens=Beunruhigungen entfernet, und aller Stoff zu Stöhrung bürgerlicher, und häuslicher Eintracht abgewendet werde.— Und wer sollte von den erhabenen Oberhirten unserer deutschen Kirchen vermuthen, daß sie nicht die Billigkeit eines solchen Antrags eingesehen, und durch brüderliche Eintracht, und Vereinbarung auch ihres Orts zur zeitlichen Wohlfahrt jener Staaten mitgewirket hätten, die ihrem Kirchenamte untergeben sind.

Hätte aber wider alles Verhoffen eine solche Vereinbarung nicht Statt gefunden, und hätten sich wirklich für das wohl der Unterthanen solcher landesherrlicher Staaten durch die Verschiedenheit solcher bischöflichen Grundsätzen nachtheilige Folgen geäußert: so wäre meines wenigen Erachtens der natürlichste, der

Grund=

Grundverfassung unseres Staates, und der Kirchenverhältnisse angemessenste Weg gewesen, die Sache von landesherrschafts wegen der obersten Staatsgewalt unseres Vaterlandes bey dem unter seinem allerhöchsten Oberhaupte versammelten Reich vorzulegen, damit von dieser unter Zurathziehung des ersten Oberhauptes der Kirche für die einzelne Kirchenvorsteher zu Beruhigung der Territorialstaaten eine angemessene Verfügung wäre erzielet worden.

§. 18.

Allein hievon ist hier die Frage nicht. Kurpfalz nimmt einen mit Fakultäten versehenen Nuntium an, die Erzbischöfe von Mainz, Trier, Köln und Salzburg behaupten, daß diese Fakultäten ihren erz und bischöflichen Gerechtsamen nachtheilig sind, sie zeigen, daß diese Fakultäten nicht die Primatial, nicht jene Rechte zum Gegenstand haben, die dem Pabst durch Concilia oecumenica, oder durch besondere

Verträge der deutschen Nation überlassen sind, Kurpfalz behält den Nuntium mit diesen Fakultäten, und entscheidet durch seine Handlung für den Pabst. Ist Kurpfalz hiezu befugt? Um dieses zu bestimmen, muß eine genaue Auseinandersetzung der Frage: Wie die deutsche Territorialgewalt zur deutschen Kirche sich verhalte, und eine rechtliche Bestimmung des Verhältnisses der Kirche zum deutschen Staate überhaupt vorausgeschickt werden.

III. Kapitel.
Geschichte des Verhältnisses der deutschen Kirche.

§. 19.

So groß der Umfang der landesherrlichen Gewalt der Reichsstände ist: so sicher ist doch ebenfalls auf der andern Seite, daß Deutschland noch immer in vielen Fällen als ein einzelner Staat zu betrachten seye, daß solcher nach dem Geiste unserer neuern Grundgesätzen aus einem einfachen zwar in einen zusammengesetzten,

doch

doch immer zusammenwirkenden Staatskörper umgebildet worden, daß folglich alle Territorien noch immer der Reichsmajestät untergeordnet bleiben; daß der landesherrlichen Gewalt Deutschlandes, so
sehr sie auch der Machtvollkommenheit un-
abhängiger Staaten nahe kömmt, dennoch
in vielen Fällen durch die Reichskonstitution Schranken gesetzet sind.

§. 20.

Deutschland erhielte seine Kircheneins
theilung zu einer Zeit, da das Reich noch
einen einfachen monarchischen Staatskörper vorstellte; da die höchst- und hohen
Reichsstände noch jene Hoheitsrechte, die
itzt ein Ausfluß ihrer landesherrlichen Gewalt sind, blos auf Befehle, und nach dem
Winke der Reichsregenten ausübten: die
meisten Diocesen, so wie sie sich noch bis
auf den heutigen Tag erhalten haben, be-
stunden schon bey Absterben Karls des
Großen (m). Eben dieser Regent des
fränk-

_____
(m) Sieh Pütters Handbuch der Reichs-
historie. Seite 122.

fränkischen Reichs, dessen Staats= und Kirchengesätze uns noch heut zu Tage in vielen Fällen zur Richtschnur dienen müssen, erließ verschiedene Verfügungen, wodurch er die Kirche von der Gewalt weltlicher Staatsbeamten ganz unabhängig machte, die Bischöfe sowohl, als die Geistlichkeit in jeder Diöcese von der Gewalt der Provinzialvorgesetzten befreyete, und der Kirche überhaupt eine eigene Gerichtsbarkeit unter der unmittelbaren obersten Aufsicht der Staatsgewalt verwilligte (n). In dem Schwabenspiegel (eine Sammlung altdeutscher Gesätzen, die als die vorzüglichste Quelle unserer deutschen Staatsverhältnissen des mittlern Zeitalters zu betrachten sind) ist die Verfügung Kap. 42 und 43. enthalten, daß die Erzbischöfe, und Bischöfe in allen kristlichen Dingen ihres Kirchenbezirkes, und selbst allen Fürsten

---

(n) Sieh das Capitulare de immunitate Episcoporum & Sacerdotum, bey BALUZIO T. I. pag. 406. Weiter bey demselben Tom. I. pag. 22. 193. 227. 510. 709. 907. & 1089.

Fürsten und Herren, die in ihr Bistum gehören, zu gebieten hätten (o). Auf diese Art wurden also deutsche Fürsten und Landesherren den deutschen Provinzialkirchen ausdrücklich untergeordnet. Heinrich II. im J. 1009. Kaiser Friderich II. im J. 1220. Karl IV. im J. 1359. und endlich Kaiser Sigismund im J. 1433. bestätigten die von den ältesten Regenten des deutschen Reichs der Kirche ertheilten Freyheiten, wodurch dieselbe ausser aller Unterwürfigkeit, und Verhältniß zu den Territorialvorgesetzten versetzet worden (p): es wurde allen Herzogen und Grafen darin der Befehl ertheilet, zum Nachtheil dieser

---

(o) In dem Schwabenspiegel heist es: „Un-
„ter Bischöffen, die unter Erzbischöffen
„sind, die gebiethen mit Recht christliche
„Ding; Sie gebiethen mit Recht dar allen
„den Menschen, Fürsten, und allen den
„Herrn, die in ihr Bißthum gehören,
„und allen Christen-Leuthen, die zu ihren
„Tagen kommen, die 25 Jahr alt sind rc.

(p) Sieh Lünig Spicileg. eccles. Tom. I. pag. 140. und 169. Ferner Pact. general. Continuat. I. pag. 3. Weiter Spicileg. eccles. Tom. I. pag. 227. Dann Continuat. I. pag. 865.

dieſer Kirchenfreyheiten nicht die mindeſte Verfügung zu erlaſſen, oder einige Gewohnheiten einzuführen.

§. 21.

Da die höchſten Reichsſtände anfiengen, jene Gerechtſame, die ſie Namens des Reichsoberhauptes ausübten, ſich zuzueignen, da ſie theils durch kaiſerliche Begünſtigungen, theils durch mehrere zuſammenwirkende vortheilhafte Umſtände nach und nach mehrere Wirkungen der oberſten Gewalt an ſich brachten, und auf dieſe Art der Umfang der heutigen Landeshoheit ausgebildet wurde: ſo hatten die Deutſchen Kirchen ſchon ihren eigenen Umfang und Gränzen; ſie waren ſchon von aller Territorialverfaſſung abgeſondert, zu der Eigenſchaft eines privilegiirten der oberſten Reichsſtaatsgewalt unmittelbar untergeordneten Corporis übergegangen, und konnten folglich kein Subjectum der Territorialgewalt mehr abgeben, da ſie ihre eigene Verfaſſung und Eintheilung sung hatten, und sich mit ihrem ganzen Verhältnisse öfters weit über, und zwischen den Gränzen einzelner Territorien erstreckten. Die Geschichte älterer und mitlerer Zeiten belehret uns, daß, so sehr sich höchst- und hohe Stände bestrebten, alle Rechte selbstständiger Regenten über die Mitglieder der ihnen untergeordneten Territorien auszuüben; so aufmerksam sie alle Gelegenheit benutzten, den Ausfluß ihrer landesherrlichen Gewalt immer zu erweitern, sie sich doch nie einfallen lassen, in eigentlichen Kirchensachen etwas zu verfügen, noch weniger aber über das Kirchenregiment selbsten einige Erkenntniß sich anzumaßen. Alle Religions- und Kirchensachen, alle Angelegenheiten, welche das Verhältniß der deutschen Kirche zu dem obersten Bischofe der ganzen Christenheit zum Gegenstand hatten, wurden immer unter gemeinschaftlicher Berathung des höchsten Oberhauptes, und sämtlicher Stände nach dem Zeugnisse der Geschichte älterer und mitlerer Zeiten auf öffentlichen

Reichs-

Reichstägen behandelt, ohne daß ein oder der andere Reichsstand jemals auf den Gedanken verfiele, hierin eine eigenmächtige Verfügung nach eigenem Gutdünken zu treffen, wenn nicht schon bey versammeltem Reiche die Entschließung genommen ware.

§. 22.

Im Jahre 1235. wurde unter Friderich II. durch das ganze Reich verordnet, daß man sich in allen geistlichen Dingen nach Gebot und Rath der Erzbischöfen benehmen solle: diese nämliche Verfügung wurde im J. 1291. von dem röm. König Rudolph bestätiget (q).

§. 23.

Gelegenheitlich jener Kränkungen, welche die deutsche Kirche, und der Staat selbsten von dem römischen Hofe unter der Regierung Ludewig des Bayern zu ertragen hatten, vereinigten sich die Kurfürsten

----

(q) Sieh Senkenbergs Sammlung der Reichsabschiede Th. I. Seite 31.

fürsten zu Reinz im J. 1338. ihre, und des Reichs gemeinschaftliche Rechte, und Freyheiten gemeinschaftlich gegen jedermann zu vertheidigen, und, wenn sich Anstände darüber erdugnen sollten, sich die Mehrheit der Stimmen unter ihnen gefallen zu lassen: sie ertheilten sich die heiligste Versicherung, nicht zuzugeben, daß die Rechte und Freyheiten eines, oder des andern je gekränket würden, und machten sich für sich und ihre Nachkommen auf das feyerlichste verbindlich, diese Vereinigung für je und allzeit auf das genaueste zu erfüllen, und derselben niemals entgegen zu handeln (r).

Da um das J. 1438 abermals neue Bedruckungen von Seiten des römischen Stuls vorkamen, und besonders über das Verhältniß der deutschen Kirche zu dem päbstlichen Stul beträchtliche Anstände sich äußerten; faßten sämtliche Kurfürsten des Reichs abermal den gemeinschaftlichen

Schluß,

(r. Sieh die Vereinigung in Müllers Reichstags-Theatro unter Frider. V. Tom 1. pag. 283.

Schluß, zu gütlicher Beylegung dieser Irrungen gemeinschaftlich zu wirken, unter der feyerlichsten Verbindung, daß, wenn auch eine gütliche Beseitigung wider Verhoffen nicht zu Stande kommen sollte: dennoch in solchen Sachen bey einander zu bleiben, zu halten, und nicht von einander zu scheiden (s).

§. 24.

Jemehr man dem Geiste deutscher Reichsgesätze nachspähet, je lebhafter wird man überzeuget, daß geistliche und Kirchensachen, ja alle Verfügungen in Ansehung der Religion von den katholischen höchst- und hohen Ständen des Reichs nie als ein Gegenstand der Territorialgewalt, sondern als Gegenstände von solcher Eigenschaft betrachtet wurden, die nicht innerhalb den Gränzen einzelner Fürstenthümer und Grafschaften sich verhalten, sondern blos unter Berathung sämtlicher höchster Reichsstände behandelt werden können.
Da

(s) Sieh Müllers Reichstags-Theatr. Tom. I. pag. 30.

43

Da in dem Reichsabschiede zu Eßlingen vom J. 1526 von der Religion, und Erhaltung der Kirche die Rede ware, bedienten sich die Stände des Ausdrucks: „Dieweil solches nicht allein ein Fürsten„thumb, oder Landschafft des Reichs; son„dern die ganze deutsche Nation, und „auch den christlichen Glauben, und eines „jeden Seel betreffend 2c." In dem R. Abschiede zu Speyer vom J. 1526 §. 4. wurde in Betreff der damals Ueberhand genommenen Religionsunruhen als ein Interimisticum den Ständen überlassen, sich in Ansehung der Religion, und des wormser Edikts so zu halten, wie sie es vor Gott, und dem Kaiser zu verantworten sich getraueten. Ein klarer Beweis, daß man noch damals die Verfügung in Religionsachen als einen Gegenstand betrachtet hat, welcher den Wirkungskreis der Territorialgewalt überschreitet: man erkannte auch bald, daß daraus nachtheilige Folgen für die Reichsverfassung im Ganzen entstehen würden: wenn innerhalb den

Grän=

Gränzen eines jeden Territoriums in Ansehung eines solchen wichtigen Gegenstandes willkürliche Verfügungen getroffen würden: man vereinigte sich daher in dem Reichsabschiede zu Speyer vom J. 1529. §. 3. und 4. über ganz andere Maßnehmungen (t).

§. 25.

(t) §. 3. und 4. des oben angeführten speyerischen Reichsabschiedes ist folgenden Inhalts: „Und nachdem in dem Abschiedt „des gehaltenen Reichstags allhie zu „Speyer ein Articul begriffen, innhal„tend: daß sich Churfürsten, Fürsten und „Stände des Reichs, und derselben Bott„schaft einmüthiglich verglichen, und ver„einigt haben, mitlerzeit des Conciliums „mit ihren Unterthanen in Sachen, das „Edict durch kayserl. Majestät auf dem „Reichstag zu Wormbs gemacht, berüh„rende, zu leben, zu regieren, und zu hal„ten, wie ein jeder solches gegen Gott, „und Ihro Majestät hofft, und getraut „zu verantworten."

§. 4. „Und aber derselb Articul bey vielen „in grössern Mißverstand, und zu Ent„schuldigung allerley erschröcklichen neuen „Lehren, und Secten seithero gezogen, „und ausgelegt hat werden wollen: Da„mit dann solches abgeschnitten, und „weiter Abfall, Unfried, Zwietracht, und „Unrath fürkommen werde: so haben wir „uns,

§. 25.

Da endlich eine gänzliche Religionstrennung im Reiche unvermeidlich wurde: so unternahm man es doch noch nicht, selbst in dem Religionsfrieden die Jurisdiktion der Bischöfe, und Erzbischöfe in Ansehung der augsburgischen Confessionsverwandten jener Territorien, über die ihr Kirchenbezirk sich erstreckte, gänzlich aufzuheben; es wurde solche nur suspendiret, oder, wie sich der Religionsfriede ausdrückte, als ruhend erkläret, in Ansehung der katholischen Kirchenangelegenheiten

„uns samt Churfürsten, Fürsten, Prälaten, Graffen, und andern Ständen entschlossen, daß diejenige, so bey obgedachtem kayserl. Edict biß anhero blieben, nun hinfüran auch bey demselbigen Edict biß zu dem künftigen Concilio verharren, und ihre Unterthanen dazu halten sollen, und wollen. Und aber bey den andern Ständen, bey denen die andere Lehren entstanden, und zum Theil ohn merkliche Auffruhr, Beschwerd, und Gefährd nicht abgewendet werden mögen: soll doch hinfüro alle weitere Neuerung biß zu künftigem Concilio soviel möglich, und menschlich verhütet werden."

heiten wurden alle Gerechtsame der deutschen Kirchenvorsteher von neuem bestätiget, und auf diese Art abermals reichsgesätzmäßig erkläret. Man war so ängstig in der deutschen Kirchenverfassung das mindeste zu ändern, daß selbst in Fällen, wo man sich genöthiget sahe, ganze Provinzen von dem Reiche zu trennen, man dennoch sich zur Pflicht machte, die Diocesanverfassung ganz zu erhalten, und die Gerechtsame der deutschen Bischöfe, und Erzbischöfe zu wahren. So wurden nach Ausweis des westphälischen Friedens bey Abtretung der Bißthümer Metz, Tull und Verdun die Gerechtsame des Erzbischofes von Trier ausdrücklich vorbehalten. Da durch den ryswickischen Frieden ein Theil von Elsaß an Frankreich muste überlassen werden: so wurde die Aufrechthaltung der Diocesanverfassung, und die Rechte des Bischofes von Basel ebenfalls ausbedungen.

§. 26.

Durch den westphälischen Frieden wurden zwar sämtlichen Ständen des Reichs ihre Territorialrechte nicht nur bestätiget; sondern es ist ihnen selbst der völlige Inbegriff einer gänzlichen Territorialhoheit zuerkannt worden: sie wurden aber dadurch keineswegs von der Unterwürfigkeit gegen die Reichsmajestät befreyet; der Staatskörper wurde durch diese Territorialbildung verwickelt, keineswegs aber in einzelne, und selbstständige Staaten aufgelöst; alle Corpora und Gegenstände, die schon damals aus dem Bezirke der Territorialgewalt herausgehoben, und dem Reiche unmittelbar untergeordnet waren, konnten nicht von neuem zur Territorialgewalt gezogen werden; all jene Privilegien, Freyheiten und Vorzüge, welche gewissen Corporibus von den Reichsregenten zur Zeit, wo die kaiserliche Machtvollkommenheit noch unbeschränkt ware, auf eine rechtmäßige Art ertheilt worden,

müßen

müßen auch noch nach der Territorialbil=
dung zu recht bestehen (u).

Das Jus reformandi, welches den
Ständen in dem westphälischen Frieden
ein=

(u) Der berühmte deutsche Publicist, Herr
Pütter drückt sich hierüber folgender
Maßen aus im 2 Theile seiner Rechtsfälle
Seite 803: „Demnach aber der Werth
„eines aus kaiserlicher Vergünstigung er=
„langten Rechtes nicht sowohl nach der
„heutigen Beschaffenheit der kaiserlichen
„Gewalt, als nach der Zeit, da das Recht
„verliehen worden, abzumessen, so, daß
„ein in vorigen Zeiten erlangtes Recht
„hernach immer gilt, wenn gleich neuere
„Gesäze die kaiserliche Gewalt seitdem
„mehr eingeschränket, oder wenigstens vor
„jetzo, ob der Kaiser solche Rechte annoch
„zu verleihen befugt seye, gezweifelt wer=
„den könnte; anerwogen selbst die neuere
„kais. Wahlkapitulat. in ähnlichen Fällen,
„da sie Einschränkungen der kaiserlichen
„Gewalt enthalten, dannoch diejenige
„Gerechtsame, so aus deren zuvor gesche=
„henen Ausübung rechtsbeständig erlan=
„get worden, ausnimmt ꝛc." Sodann
Seite 804. heist es: „Auch sonsten sehr
„vieler Reichsstände Gerechtsame auf
„schlechten Fuß stehen würden, wenn man
„die Verbindlichkeit derer in ältern Zei=
„ten vielleicht mit mehrerer Freyheit als
„jetzo ertheilten kaiserl. Privilegien, samt
„der Gültigkeit derer einmal daraus er=
„langten Rechte in Zweifel ziehen wollte."

eingerdumet worden, hat lediglich Bezug auf die Einführung, oder Dultung eines neuen Religions-Exercitiums, keineswegs aber wurde dadurch den Ständen in Ansehung der katholischen Kirchenverfassung selbsten einige Gewalt zugestanden.

IV. Kapitel.

Darstellung des Beweises, daß der deutsche Landesherr nicht befugt seye, päbstliche Nuntien mit Fakultäten in seine Staaten aufzunehmen, eine rechtliche Folgerung aus dem vorhergehenden Kapitel.

§. 27.

Aus obiger gesätzmäßigen Entwickelung erhellet: A) daß man keine kurfürstliche, fürstliche, gräfliche, reichsstädtische, Reichs unmittelbar ritterschaftliche, überhaupt keine besondere Territorialkirche in unserm katholischen Deutschlande annehmen könne; daß

B) das Reich seit den ältesten Zeiten seine eigene Kirchenverfassung, und Eintheilung hatte; so wie solches seine besondere Territorialeintheilung erhalten hat. Der Umfang der Territorien hat durch die Lehensheimfälle, durch die Successionsveränderungen, durch Tausche, und andere Veräußerungen in dem Verlaufe mehrerer Jahrhunderten die beträchtlichste Revolutionen erlitten: dagegen hat sich die Kircheneintheilung (einige wenige Fälle ausgenommen, die unter Mitwirkung des höchsten Reichsoberhauptes, und keineswegs auf willkührliche Verfügung eines einzelnen Territorialherrn zu Stande kamen) meistens bey ihrer ursprünglichen Verfassung erhalten.

C). Da die katholische Kircheneinrichtung in Deutschland über alle Territorialgewalt erhoben, und dem Reiche unmittelbar untergeordnet wurde: so kann auch von einem einzelnen deutschen Landesherrn in Betreff der katholischen Kirchenverfassung keine so entscheidende Verfügung getroffen werden, als jene ist, wodurch dem einen Theil der Kirchenvorsteher eine gewisse Gattung von Gewalt

in

in der Hierarchie wirklich ab-, und dem oberſten Kirchenvorſteher zuerkannt wird, und wodurch die Oberhirten unſerer deutſchen Kirche in Ausübung ihres Kirchenamts beſchränket werden: wie ſolches nach der oben geſchehenen Darſtellung der eigentlichen Streitfrage durch Aufnahme, und Einführung eines Nuntiaturgerichts in einem Territorialſtaate wirklich geſchieht.

D) Iſt demnach die Aufnahme eines päbſtlichen Nuntius mit Gerichtsbarkeit ſo ſehr aus dem Wirkungskreiſe der Territorialgewalt: ſo ſtehen dem deutſchen Landesherrn bey Annahme eines ſolchen Nuntius nicht blos einzelne Reichsgeſätze: ſondern die ganze Grundverfaſſung unſeres Staates entgegen.

E) Da ſich ſchon im J. 1338 ſämtliche Kurfürſten des Reichs gegen die Bedruckungen des römiſchen Hofes gemeinſchaftlich verbunden, ſich wechſelſeitig die heiligſte Verſicherung ertheilet, ihre Rechte, und Freyheiten gemeinſchaftlich zu ver-

vertheidigen, und rücksichtlich ihrer Angelegenheiten nur die Mehrheit der Stimmen gelten zu lassen: so ist es dieser so feyerlich eingegangenen Verbindlichkeit offenbar entgegen, wenn ein Kurfürst zum Nachtheil der übrigen sich mit dem röm. Hofe in Verbindung einläst; wenn er diesem seine starke Hand leihet, um die erz- und bischöflichen Gerechtsame in seinem Staat zu unterdrücken.

§. 28.

F) Da im Jahre 1438 sich sämtliche Kurfürsten des Reichs fest zusammengeschlossen haben, gemeinschaftlich dahin bedacht zu seyn, damit die mit dem päbstlichen Stule damals ausgebrochenen Irrungen gütlich beygelegt würden; und, wenn auch dieses nicht glücken sollte, daß sie in solchem Falle dennoch gemeinschaftlich zusammenwirken, und nicht von einander scheiden wollen: so würde diese feyerliche Vereinigung offenbar verletzet, wenn von einem einzelnen Kurfürsten,
der

der eine stützende Säule der deutschen Kirche seyn sollte, zum Schaden der übrigen, oder gar zum Nachtheil des ganzen katholischen Kirchenverhältnisses dem päbstlichen Stule etwas eingeräumet wird. Zum bittern Schmerzen eines jeden deutschen Patrioten sind die dermalen in der deutschen Kirche mit dem römischen Hofe obschwebende Irrungen (wenn man die Sache genau betrachtet) gerade die nämliche, die jene kurfürstliche Vereinigung veranlasset haben; sie sind durch bloses Verschulden des römischen Hofes bis diese Stunde noch nicht gütlich beseitiget; folglich müßen auch nach der Verheißung dieser Vereinigung die Kurfürsten noch bey einander bleiben, und halten, und nicht von einander scheiden, noch einzeln verbindliche Schlüße zum Nachtheil der übrigen mit dem Pabste machen.

§. 29.

G) Wenn durch die Reichskonstitution von 1235 und 1291 sämtliche Glieder des deutschen Reichs angewiesen worden, in allen geistlichen Dingen die Bischöfe und Erzbischöfe zu Rath zu ziehen: so kann wahrhaft kein einzelner Reichsstand mit Hintansetzung der deutschen Bischöfen, und Erzbischöfen dem römischen Hofe eine Gewalt in Dingen einräumen, die zu dem Kirchenamte der Erz- und Bischöfen gehöret.

H) Durch den Religionsfrieden §. 20. sind den deutschen Erz- und Bischöfen in Ansehung aller katholischen Landeseingesessenen neuerdings ihre Gerechtsame bestätiget worden: folglich ist es reichskonstitutionswidrig, durch Begründung einer neuen Kirchengewalt in einzelnen Territorialstaaten ihre rechtmäßige Gewalt zu beschränken, und die deutsche Kirchenordnung in Verwirrung zu bringen.

V. Ka=

V. Kapitel.

Wirkliche Bestimmung des Verhältnisses der deutschen Kirche zur deutschen Staats- und Territorialgewalt.

§. 30.

Wenn wir unsere Staatsverhältnisse im Reiche blos nach den Grundsätzen des allgemeinen Staatsrechts erklären könnten: so wäre die Bestimmung leichter, und die Rechte und Verbindlichkeiten der verschiedenen Staatsglieder wären einer schiefen Auslegung weniger ausgesetzet. Allein unser neuer Staatszusammenhang ist auf den Trümmern einer ältern und einfachern Staatsverfassung errichtet, ohne daß durch die letztere die erstere gänzlich aufgehoben, und zernichtet ist: der Wille der Nation zeigt sich dießfalls ganz deutlich, wenn man den Geist der ältern, und neuern Grundgesätzen chronologisch durchdenket: so wie sich bey den verschiedenen im Reiche vorgefallenen Revolutionen das Interesse der einzelnen Staatsglieder gar oft mit jenem

jenem des Ganzen durchkreuzte; so musten öfters der Ruhe wegen gewisse Verhältnisse bestimmt werden, die nun nach unserer Verfassung zwar rechtlich sind, nach den Grundsätzen des allgemeinen Staatsrechts aber nicht Statt haben. Bey Erklärung der Rechten und Verbindlichkeiten einzelner Staatsglieder sowohl, als ganzer Corporum müßen wir demnach auf diese Bestimmungen vorzüglich Rücksicht nehmen, ohne jedoch die ächte Grundsätze des allgemeinen Staatsrechts weiter ausser Acht zu laßen, als diese ausdrückliche Abweichungen es erfordern.

§. 31.

Bey weiterem Nachdenken über den Zustand des deutschen Religions- und Kirchenwesens nach dem Geiste, und eigentlichen Zusammenhange des westphälischen Friedens ergeben sich daraus folgende Verhältnisse als reichskonstitutionsmäßig:

1) In

1) In dem Reiche, wo bishero nur eine Religion im politischen Betrachte anerkannt wurde, erhielten nun drey Religionen gleiches Bürgerrecht, gleiches Ansehen, und gleiche Vorzüge, mit dem Unterschied jedoch, daß, da die neuere Kirchen zu einer Zeit eingeführt worden, da das Territorialsystem schon meistens ausgebildet ware; da sie aus Gesellschaften sich bildeten, die innerhalb den Gränzen eines jeden Territoriums sich verhielten, solche auch meistens der Territorialgewalt untergeordnet blieben: dagegen aber die katholische, als die ältere Kirche in der Eigenschaft eines durch die oberste Staatsgewalt über alle Territorialverbindung erhobenes unmittelbares Reichs-Corpus nach ihrer eigenen Verfassung und Eintheilung stehen bliebe.

§. 32.

2) Die eigentliche Jura collegialia, und was in die Lehrsätze einschlaget, sind in einer jeden Kirche bey der Gesellschaft selbst;

selbst; in der katholischen Kirche stehen nach ihrer Grundverfassung verschiedene Jurisdictionalia bey der Geistlichkeit; quoad Majestatica aber, in wie weit diese der Gegenstand einer weltlichen Macht seyn können, ist sie als ein privilegiirtes Corpus dem Kaiser und Reich unmittelbar untergeordnet: dagegen in der protestantischen Kirche, da sie meistens in den Gränzen eines jeden Territoriums sich verhält, und erst zur Zeit, da das Territorialsystem schon ausgebildet ware, zu ihrer Entstehung gekommen, die Juisdictionalia und Majestatica meistens von dem Landesherrn ausgeübt werden, und die protestantische Kirchenangelegenheiten nur in so weit einen Gegenstand der obersten Reichsstaatsgewalt abgeben, als darin Ereignisse vorkommen, die Einfluß auf das Reich im Ganzen haben.

§. 33.

3) Vor den ausgebrochenen Religionsirrungen hatte nur eine Religion das

Bür-

Bürgerrecht in dem deutschen Reiche; folglich hatte die oberste Gewalt auch nur für eine Kirchenverfassung zu wachen, der sie selbst zugethan war. Durch den westphälischen Frieden kam jene wichtige Revolution zu Stande, wodurch die Aufnahme drey verschiedener Religionen auch drey verschiedene Kirchenverfassungen in dem Reiche eingeführt wurden, zu deren jeder sich mehrere von den höchsten Reichsständen bekennen, welche an der Reichsregierung mit betheilet sind, und bey Ausübung der obersten Staatsgewalt mitwirken. So wie nun die drey verschiedene Kirchenverfassungen, jede in ihrer Art, unter der oben bestimmten Verschiedenheit der Majestät des Reichs untergeordnet sind, und alle drey gegen das Reich, als einzelnen Staat betrachtet, Pflichten haben: so haben auch das höchste Oberhaupt, und sämtliche Stände ohne Unterschied, ob sie dieser, oder jener von den drey verschiedenen in dem Reiche aufgenommenen Religionen zugethan sind, das Recht, bey Ausübung

übung der obersten Kirchengewalt über diese drey Kirchenverfassungen verhältnißmäßig mitzuwirken: es ist ihnen daran gelegen, daß bey allen dreyen sich nichts einschleiche, welches für den Staat bedenklich werden könnte, daß sie nicht mehrere Vorzüge und Freyheiten sich anmaßen, als ihnen von dem Staate zuerkannt wurde; und besonders, daß sie von jenem Endzwecke sich nicht entfernen, wozu sie sich gegen den Staat, und ihre eigene Kirchengesellschaft verbindlich gemacht haben. Kurz, das jus circa Sacra in Ansehung der drey mit gleichem Bürgerrecht im Reich aufgenommenen Religionen beruhet bey Kaiser und Reich (x).

So wenig nun ein, oder der andere höchste Reichsstand bey der Berathung über irgend eine Gattung von Staatsgeschäften in der Reichsversammlung ausgeschlossen werden kann; so wenig dem einen Theil höchster Stände die Aufnahme unseres Staats gleichgiltiger seyn wird,
als

(x) Struvii Corpus jur. publ. pag. 113.

als dem andern: so wenig kann ihnen, zu welcher Religion sie sich immer bekennen, ihr Stimmrecht versagt werden, wenn von einer der drey zum Reich gehörigen Kirchenverfassungen Gegenstände zur Erörterung ausgesetzet werden, die ihrer Natur nach unmittelbar zur obersten Staatsgewalt geeigenschaftet sind.

§. 34.

Es ist und bleibt doch nur eine Staatsgewalt, die ohne Unterschied der Religion, wozu sich die Mitglieder bekennen, für die Ruhe, Sicherheit, und Aufnahme des Reichs gleiche Sorgfalt zu tragen hat, denen nun ohne Rücksicht daran gelegen seyn muß, daß die drey in dem Reiche aufgenommenen Kirchenverhältnisse in ihrer Vollkommenheit erhalten werden.

Das, was in dem westphälischen Frieden in Betreff des Religions- und Kirchenwesens vorgeschrieben ist, daß es blos durch gütliche Ausgleichung abgethan werden sollte, hatte nur solche Fälle zum Grunde,

Grunde, wo die Staatsmitglieder der verschiedenen Religionen unter sich uneinig würden, und einander die rücksichtlich der drey Religionen eingeführte konstitutionsmäßige Gleichheit zu bezweifeln suchten. Dieß kann aber keineswegs auf solche Fälle angewendet werden, wo der Staat, als ein Corpus, ohne Ansehen der Religion, welcher seine verschiedene Mitglieder zugethan sind, in Betrachtung kömmt; und wo in Erwägung gezogen werden soll: ob nicht bey einem, oder dem andern Kirchenverhältnisse Dinge vorgehen, die der Ruhe, und Aufnahme des Staates im Ganzen entgegen sind. Bey solchen Fällen kann wahrhaft nicht anders zwischen Kaiser und Reich Berathung gepflogen werden; als bey jedem andern Gegenstande, der die Regierung des Reichs im Ganzen betrift.

M. Be-

III. Betrachtung.

Ueber die Frage: Ob, und wie weit die oberste Staatsgewalt Deutschlandes auf die angebrachten Beschwerden der deutschen Erzbischöfen in Ansehung der vorliegenden Nuntiaturstreitigkeit ernstliche Vorkehrungen zu treffen berechtiget seye.

I. Kapitel.

Bestimmung der hieher gehörigen Grundwahrheiten aus der Vernunft, und dem natürlichen, auch allgemeinen Kirchenstaatsrechte überhaupt.

§. 35.

Alle Wahrheiten hängen wie Glieder an einer Kette unzertrennlich aneinander; und doch giebt es deren, worin alle Menschen übereinkommen, so wenige, daß man solche nicht oft genug an das Herz legen kann, wenn die Frage ist, Grundsätze zu bestimmen, die bestritten werden, die aber gleichwohl ihren vorzüglichen Grund in jenen Wahrheiten haben, und

bey

bey) näherer Entwickelung nur nothwendige Folgen jener allgemein anerkannten Sätze sind.

§. 36.

Ich gehe, um zu meinem Zwecke zu gelangen, von folgenden Grundwahrheiten aus. Nichts ist gewisser, als daß der Mensch die Pflicht auf sich habe, sich immer mehr zu befähigen, und zu vervollkommenen, und die zeitlichen Güter solcher Maßen zu genießen, um dadurch einer ewigen Glückseligkeit würdig zu werden, und sich dazu vorzubereiten: es scheinet in den Absichten des Schöpfers selbst zu liegen, daß die menschliche Seelenkräfte immer erweitert, und mit dem Laufe der Zeiten die Menschheit überhaupt veredelt werde.

Die Beherrscher und Vorsteher der Staaten haben demnach die Verbindlichkeit, aber auch zugleich das Recht auf sich, die ihnen durch nichts beschränket werden kann, den ihnen untergebenen Menschen

Menschen diese Pflicht so viel möglich zu erleichtern, sie auf den möglichst besten Wege zu diesem Hauptziele des menschlichen Lebens zu führen, und alles abzuwenden, was die Ruhe, und Sicherheit ihrer Staaten behindert.

§. 37.

Die kristliche Religion wurde von ihrem göttlichen Stifter bestimmt, den Staaten hierin die Hand zu bieten: Sie lehret alljene, die sich hiezu bekennen, den Fürsten, und Obrigkeiten unterthan, und stets zu allen guten Werken bereit zu seyn. Paulus sagt sogar: Wer der Obrigkeit widerstrebet, widerstrebet der Ordnung Gottes (y).

Wenn man überhaupt das Leben Christi auf dieser Erde, und seine göttliche Lehren im Ganzen überschauet: so findet man darin die deutlichste Beweise einer ganz besondern väterlichen Sorgfalt, um alles das-

---

(y) Paulus ad Titum Cap. III. vers. 1; in Epistola ad Romanos Cap. XIII.

dasjenige zu vermeiden, womit seine göttliche Lehren der Ruhe, und zeitlichen Wohlfahrt des Staates hätten bedenklich werden können, und wodurch den Beherrschern der Staaten die Leitung der Menschen erschweret würde.

II. Kapitel.
Entwickelung der verschiedenen Verhältnissen, in welchen nach dem Zeugnisse der Geschichte die kristliche Kirche zu den Staaten sich befunden.

§. 38.

Ohne daß ich nöthig habe, mich in die Abstraktion der wahren Grundbegriffen über Verbindung zwischen Staat und Kirche zu vertiefen; so zeiget sich schon deutlich, wenn man die wohlthätige Absicht Christi bey Stiftung seiner Religion nur mit mäßiger Aufmerksamkeit und gerührten Herzen durchdenket, daß sein heiliger Endzweck blos dahin gieng, uns Menschen zu bessern, und glücklich zu machen, daß er die mit seiner göttlichen Religion
ver-

verknüpfte Wohlthaten den Nationen im geringsten nicht entziehe, wenn sie sich nur zu ihm bekennen, seine heilsame Lehren befolgen, und die darin auferlegte Pflichten gegen Gott, und den Nächsten ausüben, ohne daß er der Staatsgewalt solcher Nationen zur ausdrücklichen Obliegenheit machte, seinen Kirchenvorstehern andere Freyheiten, als jene, die ihnen zu Administrirung der Sakramente erforderlich sind, zu verstatten, ohne ihr bürgerliches Verhältniß im mindesten zu verrücken, noch sie von einer Pflicht zu befreyen, die sie mit allen Staatsbürgern gemein haben. Wir haben kein göttliches Gesetz, daß der Kirche von den Staatsvorstehern eine eigene Gerichtsbarkeit, und eine weitere Gewalt zugestanden werden solle, als die eigentliche Kirchengewalt im strengsten theologischen Verstande, die ihnen von Christo selbst ist verliehen worden; in Ansehung dieser von Gott verliehenen Gewalt ist die Kirche als ein von dem Staate ganz unabhängiges Corpus zu betrachten.

Nach dem Gange der Geschichte wird uns das Verhältniß der kristlichen Kirche zu den Staaten unter einem fünffachen Gesichtspunkte dargestellet.

§. 39.

1) Es bekennten sich in den Staaten mehrere Gesellschaften von Menschen zu der kristlichen Kirche, ohne daß die Staatenbeherrscher Rücksicht auf sie nahmen, ohne ihr einen gesätzlichen Stand in dem Staate anzuweisen, und weit entfernet, ihr eine förmliche Aufnahme zu verstatten, sie vielmehr zu unterdrücken, und die Mitglieder derselben zu verfolgen suchten. Und dieß scheinet das Schicksal der kristlichen Kirche zu den Zeiten der Verfolgung gewesen zu seyn, wo sie sich vielleicht in ihrer wahren Herrlichkeit, und in ihrem größten Glanze zeigte. Es ware

2) der Fall, daß die kristliche Religion neben der heidnischen in dem Staate förmlich aufgenommen wurde, daß ganze Gesellschaften sich öffentlich dazu bekennen,

nen, ihre eigene Kirchenvorsteher wählen, und ihren Gottesdienst öffentlich einführen konnten, ja daß ihnen selbst von dem Staate zu Besoldung ihrer Kirchenvorsteher, und zu Begründung ihrer Kirche verschiedene Güter, und nachdrücksame Unterstützungen verliehen wurden, ohne daß jedoch den Bekennern dieser Religion eben so wenig, als den Kirchenvorstehern erlaubt ware, sich von ihren bisherigen Bürgerverhältnissen, und Obliegenheiten im mindesten zu entfernen: das, was unter ihnen nicht brüderlich, und kristlich beygelegt werden konnte, muste vor dem nämlichen Gerichtszwange abgethan werden, dem sie bishero untergeordnet waren; sie musten sich überhaupt als getreue Unterthanen erweisen, ohne daß sie einen eigenen Stand vorstellten: es wurden ihnen noch weniger andere Freyheiten und Vorzüge zugestanden, als jene, die zu Verrichtung ihres Gottesdienstes unvermeidlich sind, dieß ware die Lage der kristlichen Kirche unter Konstantin dem Großen;

sen (z); bis sie endlich unter dem Kaiser Justinian mehrere Freyheiten und Vorzüge erhielte.

§. 40.

3) Einen weitern Umfang der Freyheit erhielte die Kirche in ihrem Verhältnisse zum Staat schon unter den Merovingischen Königen des fränkischen Reichs: es wurde ihr nicht nur eine öffentliche Aufnahme, und vollkommenes Bürgerrecht verstattet; sondern die Bischöfe und Kirchenvorsteher wurden auch schon in soweit von der Staatsgewalt befreyet, daß sie in Sachen, die einen Bezug auf ihr Amt hatten, und die nach den Kirchensatzungen einer Absetzung unterworfen waren, nur von einer Versammlung von Bischöfen zur Beurtheilung gezogen werden konnten. Wenn aber das Verbrechen zugleich Einfluß auf den Staat hatte; so wurde von der weltlichen Macht noch eine besondere

(z) Lese das Edict bey Eusebio in Historia ecclef. Lib. X. Cap. 5.

sondere Bestrafung zuerkannt. In blos weltlichen Sachen wurden die Bischöfe dem königlichen Hofgerichte unmittelbar untergeordnet; die niedere Geistlichkeit ware von jenen Handlungen, die Beziehung auf ihr Amt hatten, dem Bischofe Rechenschaft zu geben schuldig; in eigentlichen Civilsachen aber blieben sie ihrem ordentlichen Gerichtszwange untergeordnet; doch konnte kein Urtheil über sie vollzogen werden, ohne Vorwissen und Begnehmigung der Bischöfe (aa).

§. 41.

4) Unter den Carolingern gelangte die kristliche Kirche zu noch größerm Ansehen, und einer ihrem göttlichen Ursprung angemessenen Würde. Es wurde ihr eine eigene Gerichtsbarkeit verliehen, wodurch die Bischöfe sowohl, als die mindere Geistlichkeit von allem Gerichtszwang sind befreyet worden.

§. 42.

(aa) Sieh Schmidts Geschichte der Deutschen S. 252 und folg.

§. 42.

Nach dem Zeugniſſe unſerer vaterländiſchen Geſchichte läſt ſich noch ein 5tes Verhältniß der kriſtlichen Kirche denken. Es kann derſelben nicht nur ein vollkommenes Bürgerrecht, und förmliche Aufnahme in dem Staate verſtattet, eine eigene Gerichtsbarkeit verwilliget, und noch andere beſondere Vorzüge und Freyheiten zugeſtanden werden. Es können die obern Kirchenvorſteher in der Nationalkirche als die vornehmere Glieder des Staats erkläret, ihnen Antheil an den Staatsbeſitzungen eingeräumet, und ſelbſt bey der Regierung des Staates Einfluß und Stimmrecht zugeſtanden werden: und das iſt das enge Band, wodurch in neuern Zeiten die Kirche mit der Grundverfaſſung unſeres Staates verflochten wurde.

§. 43.

Wenn alles dieſes durch verfaſſungsmäßige Konſtitutionen zu Stande gebracht und von langen Zeiten her durch die Nation

tion ist anerkannt worden: so haben die Obervorsteher einer solchen Nationalkirche doppelte Eigenschaften, aber auch zugleich doppelte Rechte und Pflichten. Sie haben als wirkliche Mitglieder der Staatsgewalt, als Eigenthümer der unmittelbaren Staatsbesitzungen, und als Theilhaber an der Regierung des Staates selbst kraft des unverbrüchlichen Nationalvertrags gewisse Rechte und Vorzüge, die ihnen unter keinem Vorwande beschränket werden können, und die mit jenen Privilegien und Freyheiten, die der Kirche, und ihnen selbst in ihrer Eigenschaft als Kirchenvorsteher verliehen worden, nicht zu verwechseln sind.

Als Nationalkirchenvorsteher sind sie weiter befugt, von dem Staate die Mitwirkung zu verlangen, daß sie in allem dem geschützt und unterstützt werden, was der Umfang des ihnen anvertrauten Kirchenamtes mit sich bringt.

Aus allem diesem ergiebt sich, daß die Verhältnisse der Kirche zum Staate blos

nach)

nach jenen Befreyungen, und Bewilligungen zu beurtheilen sind, die ihr bey ihrer Aufnahme, oder auch nachhero von der Nation auf eine rechtskräftige und verfassungsmäßige Art zuerkannt wurden. Da dergleichen Befreyungen von der ordentlichen Einrichtung des Staates abweichen; da die kristliche Religion selbst die Vorschrift hat, den Hauptendzweck des Staates vielmehr erleichtern, und befördern zu helfen, als zu erschweren: so haben dergleichen von Seiten der Kirche behauptete Befugnisse und Rechte, in wie weit sie diesem Endzwecke entgegen stehen, alle rechtliche Vermuthung gegen sich; und sind überhaupt (um mich in der Kunstsprache der Juristen auszudrücken) strictissimæ Interpretationis.

III. Ka=

III. Kapitel.

Rechtliche Darstellung jener Gründen, nach welchen unsere Staatsgewalt berechtiget ist, die obwaltende Nuntiaturstreitigkeit zu ihrer Erkenntniß zu ziehen.

§. 44.

Daß der Staat befugt seye, selbst die Kirchenverfassung auf eine Art zu leiten, damit dadurch das gemeine Beste des Staates befördert werde; dieß scheinet erstlich nach obigen Grundwahrheiten ausser allem Zweifel zu seyn, und ist auch den Lehrsätzen der berühmtesten Schriftsteller angemessen (bb).

Daß selbst die katholische Kirchenverfassung der obersten Aufsicht, und Leitung der Staatsgewalt untergeordnet seye, weil selbst Kirchengesellschaften für den Staat gefährlich werden können, wenn sie sich von ihrem heilsamen Endzwecke entfernen, oder wenn sich bey ihrer Verfassung, und

Ein=

(bb) Conf. ACHENWALL Jus publ. univ. pag. 127. wo es heist: Competit Principi jus dirigendi Ecclesiam ad salutem publicam.

Einrichtung etwas einschleichet, das dem Staate nachtheilig werden könnte, und der ferneren Aufnahme desselben entgegen ist: dieß ist bey Petrus de Marca in obfervationibus felectis umständlich dargethan (cc).

§. 45.

Wenn man die in der deutschen National=kirche dermalen obwaltende Irrungen von allen Seiten zergliedert, wie sie unferer Staatsgewalt zur Prüfung vorgelegt wer=den müßen: so zeiget sich erstlich, daß zum Glück dermalen weder über Grund=

sätze

(cc) Petrus de Marca obfervat. I. pag. 18. ait: „Illud unicum tantum circa illam moneo, Principem in Ecclefia non confiderari ut talem, fed ut chriftianum; extra Ecclefiam autem intuitu reipublicæ Principem ut talem fe gerere, & exercere imperium in totam rempublicam; & fic etiam Ecclefiam, tanquam Collegium aliquod externum in republica exiftens, providendo, ne quid in Collegio ecclefiaftico inordinate, & contra quietem reipublicæ agatur. Ex aliis Collegiis non tantum periculum in rempublicam metuendum, uti quidem ab Ecclefiis, fi a fine fuo deflectunt.

sätze unserer Glaubenslehren, weder über den innern Gottesdienst, noch über andere Gegenstände, und Befugnisse gestritten werde, die nach der Lehre unserer Kirche ad Jura collegialia gehören, und von Christo selbst der Kirche sind verliehen worden. Es ergiebt sich vielmehr, daß von dem römischen Hofe jene Gattung von Beschwerden erneuert, und vermehret werde, worüber bey unserer Staatsgewalt schon so oft Berathschlagung gepflogen, um deren Abhelfung die Nation bey dem röm. Stule schon so oft den Antrag gemacht hat, und deren Abwendung dem allerhöchsten Reichsoberhaupte selbst (wie unten näher gezeigt werden soll) längstens zur Obliegenheit ist gemacht worden. Es wird blos darüber geklagt, daß die der Kirche von der Nation überlassene Gerichtsbarkeit von dem obersten Kirchenvorsteher auf eine für den Staat gefährliche Art ausgedehnet werde. Es äußern sich Mißbräuche, die in der katholischen Kirchenverfassung durch Einführung falscher und unterscho-

bener

bener Kirchensatzungen eingeschlichen sind, wodurch die Nation entkräftet, und in ihrer fernern Aufnahme behindert wird.

§. 46.

Es sind also blos Gegenstände, die ad jura Majestatica gehören, worüber nach allen Rechten die oberste Staatsgewalt allein zu erkennen ermächtiget, und auch verpflichtet ist: da sie es aber unternehmen soll, zum Besten der Nation einmal wirksame Vorkehrungen mit Nachdruck zu treffen; so sind erst folgende Bedenklichkeiten näher zu erörtern.

A) Ob der päbstliche Stul zur Einführung seiner Nuntien mit Gerichtsbarkeit nicht durch ein von der Nation auf eine reichskonstitutionsmäßige Art erhaltenes Privilegium berechtiget seye?

B) Ob die Nationalgewalt nicht durch einen grundverfassungsmäßig zu Stande gebrachten, folglich zu Recht beständigen für die ganze Nachkommenschaft verbindlichen Vertrag beschränket seye?

C) Ob

C) Ob dem päbstlichen Stule nicht selbst ein Reichsgrundgesätz zur Seiten stehe?

D) Ob er nicht wenigstens durch eine rechtmäßige Verjährung, durch einen gegründeten Besitzstand bey Ausübung seiner behaupteten Gerechtsamen gegen die dermalige Einwendungen geschützt seye. Von allem diesem wird sich die rechtliche Bestimmung aus den folgenden Kapiteln selbst entwickeln.

IV. Kapitel.
Historische Entwickelung der von dem deutschen Staate der kristlichen Kirche verliehenen Rechten und Freyheiten.

§. 47.

Aus dem Zusammenhange der Geschichte unserer Staatsverfassung werden wir bey gründlicher Erwägung zwar überzeuget, daß das erste Oberhaupt der katholischen Kirche um die Verbreitung und Einführung der kristlichen Religion in den deutschen Gegenden eine besonders väterliche

liche Sorgfalt bewiesen habe, und daß ihm in dieser Rücksicht die deutsche Nation die lebhafteste und tiefeste Ehrerbietung schuldig seye. Es findet sich aber weder in den Lehren, noch in dem Leben Jesu ein Gesätz, daß jene Kirchen, welche später durch besondere Sorgfalt des Stuls Petri gestiftet worden, in einer größern Abhängigkeit und Unterwürfigkeit gegen denselben stehen sollen, als die übrige. Es ist weder in jenen Kirchensatzungen, welche der Pabst Gregor II. dem heil. Bonifacio, da er in Deutschland mit Verbreitung des Christenthums sich beschäftigte, zur Vorschrift angewiesen hat, noch in jener Sammlung, welche Pabst Hadrian I. Karl dem Großen als ein Muster von Kirchensatzungen zum Geschenke machte, die mindeste Verfügung enthalten, daß mitten in den deutschen Kirchenbezirken noch ein päbstlicher Deputirter berechtiget seyn sollte, einen eigenen Richterstul aufzuschlagen, wodurch die Mitglieder der Kirche in Zweifel versetzet, wen

sie

sie für ihren Kirchenvorgesetzten erkennen sollen, wodurch Mißverständnisse aller Art veranlaßet, und überhaupt Unordnung entstehen muß.

§. 48.

In jener Kirchenversammlung, welche unter Karl dem Großen zu Frankfurt im J. 794. gehalten worden, deren Schlüsse als das vorzüglichste Grundgesetz der deutschen Kirchenverfassung zu betrachten seyn dörften, wurde die Stufenfolge geistlicher Gerichtsbarkeit deutlich aneinandergesetzet, und in den höhern Instanzen der obersten Staatsgewalt die Einsicht ausdrücklich vorbehalten, ohne daß von einem Nuntiaturgerichte, so neben dem bischöflichen noch bestehen solle, weder von einer Berufung an den römischen Hofe, oder italienische Gerichtsstellen die mindeste Erwähnung geschähe, welches alles in der vortreflichen Schrift, die unter dem Titel Geschichte der Appellationen von geistlichen Gerichtshöfen zur Erläuterung des 22ten

F   Arti=

Artikels des Emser Kongreſſes herausgekommen, mit tiefer Gelehrſamkeit ſehr gründlich auseinander geſetzet iſt (dd).

§. 49.

So ſehr ſich die erſte Regenten der deutſchen Staaten bemüheten, der Kirche ein beſonderes Anſehen, und Vorzug zu verſchaffen; ſo lebhaft ſie die Schuldigkeit einer Ehrerbietung gegen den päbſtlichen Stul, und nach den Grundſätzen unſerer Religion die Nothwendigkeit einer gewiſſen Verbindung mit denſelben anerkannten: ſo ernſtlich waren ſie auf der andern Seite bedacht, eine willkürliche Abhängigkeit der Nation von dieſem päbſtlichen Stule zu vermeiden.

Bey Harzheim findet ſich das Fragment eines Schreibens von Karl dem Großen an die deutſchen Biſchöfe vom J. 799. worin er denſelben zu erkennen giebt, daß er eine Geſandſchaft nach Rom geſchickt, und zwar unter folgenden Ausdrücken:

(dd) Sieh die angeführte Schrift S. 61. ff.

drücken: Er hätte wegen der Bestrafung der lasterhaften Priester, und andern geistlichen Gegenstände Abgeordnete nach Rom abgeschickt, um den Rath des heil. Vaters einzuziehen: und was er von demselben, oder den seinigen werde vernehmen, dieß wollte er ihnen bekannt machen: sie sollten indessen auch die Sache unter sich aufmerksam überlegen, was er in Ansehung dieser Gegenstände unter ihrem Rathe, und nach dem erhaltenen Unterrichte des heil. Vaters verordnen solle (ee).

F 2 Nach

(ee) Das Fragmentum des Briefes hat uns Harzheim aufbewahret in seiner Sammlung deutscher Kirchenschlüssen, Tom. I. pag. 341. Sie ist in der lateinischen Sprache folgende: „Et hoc vo„biscum magno studio pertractandum est, „quid de illis Presbyteris, unde appro„batio non est, & semper negant, faci„endum sit: nam hoc sæpissime a nobis, „& progenitoribus atque antecessoribus „nostris ventilatum est, sed non ad liqui„dum hactenus definitum, unde ad con„sulendum Patrem nostrum Leonem Pa„pam Sacerdotes nostros mittimus; & „quidquid ab eo, vel a suis perceperimus, „vobis una cum illis, quos mittimus, re„nuntiare non tardabimus. Vos inter„dum vicissim tractate attentius, quid ex „his vobiscum constituamus una cum præ„dicti S. Patris institutionibus &c."

Nach meiner geringen Einſicht eine
herrliche Stelle, welche die Abſicht der Nation bey der Aufnahme der Kirche in den
Staat deutlich zu Tage legt, und die jedem Regenten, der unter Beybehaltung
ächter katholiſcher Grundſätzen das Verhältniß zwiſchen Kirche und Staate be-
ſtimmen wollte, zum Muſter dienen könnte.

§. 50.

Alle übrige Kapitularien von Karl
dem Großen, der damals allein die Nation zu vertreten hatte, und ſolche ſowohl
in Anſehung einerjeden auswärtigen Macht
als in Anſehung des römiſchen Hofes mit
Recht verbindlich machen konnte, enthalten wohl mehrere Beweiſe von beſondern
Vorzügen und Freyheiten, die der Kirche
verſtattet worden; ſie enthalten Beweiſe
von einer eigenen Gerichtsbarkeit, die man
den Biſchöfen über die niedere Geiſtlich-
keit verwilligte; von der Art, wie die Biſchöfe den Metropolitanen, und wie beide
wieder den Provinzial- und Nationalſy-
noden

noden untergeordnet seyn sollten; von der Gewalt, welche die Bischöfe in ihren Kirchenbezirken auszuüben hätten; keineswegs aber einige Verfügung, daß von Personen, welche der bischöflichen Gewalt untergeordnet waren, und in Rechtssachen, die durch bischöfliche Richter in den Provinzen entschieden worden, die Berufung an den römischen Hof Platz haben solle. In solchen Fällen wurde die oberste Instanz bey dem Konzilium angewiesen; den Bischöfen selbst aber nur alsdann unmittelbar nach Rom zu appelliren erlaubt, wenn sie gegen die Urtheile ihrer Mitbischöfen gegründete Ursachen von Verdacht angeben konnten: der Regel nach sollte selbst kein Bischof ausserhalb der Provinz zu Recht gezogen werden (ff).

Gegen jene Gewalt, und Gerichtsbarkeit, welche die fremden Herren Erzbischöfe von Athen und Damiat in Deutschland

---

(ff) Conf. BALUZIUS locis supra citatis, sodann pag. 1094. 1114. 1051. 1124. 1000. 1198.

land auszuüben gedenken, findet sich im Gegentheile eine sehr bestimmte Entscheidung (gg).

§. 51.

Wie die deutsche Regenten mit der Nation unter Lothar I. und Karl II. die nämlichen Grundsätze über die Unverletzlichkeit und Heiligkeit der bischöflichen Gewalt hegten; dieß bewiese uns Herr Hedderich in seiner Dissertat. de juribus Ecclesiæ germanicæ in Conventu Emsano explicatis pag. 17.

Da

(gg) Conf. Baluzius l. c. de alienis judicibus non recipiendis, & peregrina judicia, vel examina respuenda pag. 1124. „Episcopis singulorum locorum omnium, „qui sub eorum degunt moderamine, cu„ræ sit, caussas, utilitatesque disponere; „valde enim est incongruum, omissis suis „alii quilibet illorum se caussis admisce„ant; sed illi eorum vitam competenter „regularique debeant moderatione dispo„nere, qui eos ordinare canonice pos„sunt, vel a quibus ordinati sunt, & qui „pro commissis eorumque animabus com„pelluntur reddere rationem.“

Da von einer Reichsversammlung zu Frankfurt im J. 952 unter Otto I. verschiedene Verfügungen in Ansehung geistlicher Gegenständen gemacht worden; so nahm man die Verordnungen der karolingischen Königen zum Grunde, wodurch also das ehemalige Verhältniß der deutschen Kirche zum Staat von neuem bestätiget wurde.

Auf der Reichsversammlung zu Worms 1076 erklärten sich die versammelten Stände des Reichs, als die wahren Vertreter der Nation, auf eine Art, die nicht den mindesten Zweifel zurückläßt, daß sie die Kirchengewalt in Deutschland nur in den Händen ihrer Bischöfen wissen wollte, daß der römische Hof solche nicht zu beschränken befugt seye, und daß sie jene Zudringlichkeiten, die man schon damals in den einzelnen Kirchenbezirken versuchte, als solche ansehe, die dem Geiste des göttlichen Stifters, und den ächten Kirchengesätzen offenbar entgegen seyen. Herr Hedderich in seiner gelehrten oben angeführgeführten Differtation hat diese vortreflice Stelle nebst andern schon einmal dem Publikum vorgelegt pag. 19. & 20.

Auf einer Provinzialkirchenversammlung zu Erfurt wurde gegen die daselbst getroffene Verfügungen die Appellation an den römischen Hof vom Kaiser Heinrich IV. ausdrücklich untersagt. (hh).

Auf einer Reichsversammlung, die in Italien im J. 1158 gehalten wurde, wobey viele deutsche Erz= und Bischöfe versammelt gewesen, wurde vom Kaiser Friderich I. §. 3. die Einrichtung der Appellationen in geistlichen Streitsachen, und die Stellen, wo solche in oberster Instanz entschieden werden sollen, ausdrücklich bestimmt, ohne daß von päbstlichen Nuntiaturgerichten in deutschen Kirchenbezirken, oder von einer Entscheidung, die in oberster Instanz zu Rom geschehen sollte, die mindeste Erwähnung geschahe (ii).

Aus

(hh). Goldast Constitution. Imperii.

(ii) §. 3. heißt es: „Tum de litibus Appel-
„latio-

Aus allem diesem kann man mit Grund den rechtlichen Schluß ziehen, daß dem päbstl. Stule von der deutschen Staatsgewalt kein reichskonstitutionsmäßiges Privilegium verliehen seye, wodurch er zu Einführung ständiger Nuntiaturen mit Gerichtsbarkeit berechtiget wäre.

§. 52.

So wie auch die heiligsten Einrichtungen mit dem Laufe der Zeit unter den Händen der Menschen von ihrer Vollkommenheit abweichen, und so sehr auch solche ihrer Grundbestimmung nach über alle Menschenschwachheit erhaben sind, dennoch von den mit der Menschheit verknüpften Leidenschaften nach und nach etwas annehmen: so fehlte es auch nicht, daß selbst in der kristlichen Kirche, da in dieser Zeitlichkeit

---

„lationum componendis Imperator con-
„stituit, ut in singulis Dioecesibus Judi-
„ces ordinarentur, non ex ipsa Dioecesi,
„ne gratia, aut odio corrumperetur ju-
„dicium; sed aut ex hoc conventu, aut
„ex aliis civitatibus adsciti, eisque sum-
„mum de omnibus rebus statuendo arbi-
„trium dedit." GOLDAST

lichkeit nun einmal nichts Vollkommenes seyn solle, sich Gebrechen und Mißbräuche einschlichen. Es zeigten sich bald kriechende Höflinge, die zu Befriedigung ihrer Privatleidenschaften dem heiligen Vater Rechte zuschrieben, die blos Rechte schwacher Menschen sind, und im Grunde ihre erhabene der Göttlichkeit nahe kommende Würde mehr erniedrigte, als erhobe: die Christenheit wurde durch ganze Sammlungen betrügerischer und falscher Kirchensatzungen irre geführet. Eben dieses oberste Kirchenhaupt stellte nicht mehr jenen gütigen und ängstlichen Vater vor, der nur für die Aufnahme der Christenheit der verschiedenen Nationen wachte, und sorgte, daß die in den verschiedenen Staaten zertheilte Kirchengewalt eifrig, und gesätzmäßig ausgeübt würde, der den Last der Regenten, und die Ruhe der Staaten dadurch erleichterte, daß er eine stufenmäßige Ordnung in der Kirche erhielte. Sie wollten nun eine strenge Herrschaft über Regenten und Nationen ausüben, eine Gewalt, die den

mensch=

menschlichen Geist mehr niederdrückte und empörte, als erbauete, die Ordnung in dem Staate, und in der Kirche verstörte, und eben deßwegen den Nationen lästig, und unerträglich werden muste: da sie die nach dem Geiste unsers göttlichen Erlösers in den sämtlichen Provinzialkirchen zertheilte Kirchengewalt auf Rom allein zu concentriren sich bemüheten, und alle übrige Kirchenvorsteher nur Sklaven und Diener seyn sollten. Verwirrung im Staate, und zerfallene Kirchenzucht waren aber auch die erste Folgen dieser Ausartung, worüber bald von den Nationen die heftigste und lauteste Beschwerden ausbrachen.

§. 53.

Die Deutschen, so sehr sie sich mit dem Kriege beschäftigten: so sehr ihr Zustand selbst durch innerliche Unruhen zerrüttet ware: so sehr man in den Wissenschaften damals zurück, und unvermögend ware, zu unterscheiden, daß man durch ganze Sammlungen falscher Kirchensaßungen

ungen irre geführet seye: so nahmen sie doch bald wahr, daß sie aus ihrem rechten Standpunkte versetzet worden; sie führten bey jeder öffentlichen Versammlung, die nach der Reichsverfassung als der Nationalgerichtsstand zu betrachten ist, die lauteste Klagen, und behinderten eben dadurch alle Rechtmäßigkeit eines Besitzstandes, der gegen sie hätte begründet werden können. Schon bey den Kirchenversammlungen zu Constanz und Basel wurde von den Deutschen am heftigsten auf eine Kirchenreformation, d. i. auf die wahre dem Geiste Christi allein angemessene Stufenordnung zwischen den Gliedern, und dem Oberhaupt der Kirche, und zwischen Staat und Kirche im Ganzen angetragen, daß aber solche blos durch das äusserste Bestreben des römischen Hofes behindert wurde, darf ich wohl nicht erst beweisen.

§. 54.

Da es endlich gelegenheitlich der baselschen Kirchenversammlung mit den Bedrückdruckungen des römischen Hofes auf das äusserste kame, sahe sich die deutsche Nation genöthiget, auf einer Versammlung zu Mainz im J. 1439. gewisse Decreta dieses Concilii, wodurch die deutsche Kirchenfreyheit wieder hergestellet, und das Verhältniß der deutschen Kirchenvorsteher zu dem obersten Kirchenhaupt wenigstens einiger Maßen in seine wahre Lage versetzet wurde, anzunehmen, solche dadurch als ein Grundgesetz der Nationalkirchenverfassung zu erkläcen: und nachdem sie eine gewisse Neutralität rücksichtlich der zwischen dem Konzilium zu Basel, und dem Oberhaupte der Kirchen obgeschwebten Irrungen beobachtet hatten; so wurde endlich auf der Reichsversammlung zu Frankfurt im J. 1446. beschlossen, dem damaligen Pabste Eugen IV. den Gehorsam zu leisten, und ihn als das rechtmäßige Kirchenoberhaupt zu erkennen; jedoch nicht anders, als unter der ausdrücklichen Bedingniß, daß er die von der Nation geschehene Annahme der baseler Dekreten begnehmige,

gnehmige, überhaupt sollte nur nach dem Inhalt dieser Kirchensatzungen das Verhältniß der deutschen Kirche künftig beurtheilet werden: dieses wurde von dem damaligen Pabste zugegeben; und auf diese Art sind jene Fürstenkonkordaten zu Stand gebracht worden, welche als das eigentliche Grundgesätz der zwischen dem röm. Hofe, und der deutschen Kirche bestehenden Verbindung zu betrachten sind; weit entfernet, daß durch diese Konkordaten für den römischen Stul das Recht wäre begründet worden, ständige Nuntien mit Fakultäten in Deutschland zu unterhalten, wurde vielmehr die ihm verwilligte Gerichtsbarkeit in oberster Instanz ausdrücklich dahin beschränket, daß er solche nur durch deutsche in den Provinzen zu ernennende Nationalrichter ausüben könne.

V. Ka=

V. Kapitel.
Rechtliche Beleuchtung der von der Nation mit dem päbſtlichen Stule eingegangenen Verträgen, und beſonders der Fürſtenkonkordaten.

§. 55.

Jene Konkordaten ſollen nach dem Sinne der Kurialiſten, und ſelbſt nach der Meinung des gegentheiligen Schriftſtellers nur ein Interimsvergleich ſeyn, ſie ſollen ein Ende genommen haben, ſobald der päbſtliche Stul wieder einen Legaten nach Deutſchland geſchickt; und die Zeit, wo die aſchaffenburger Konkordaten ſind errichtet worden, ſoll auch die Zeit ihrer gänzlichen Zernichtung ſeyn.

§. 56.

Ich verehre aus ganz beſondern Urſachen die Einſichten des von dem Hrn. Beäntworter angeführten göttinger Gelehrten mehr als jemand. Er konnte freylich die Sache mit einer Kaltblütigkeit, und Unbefangenheit durchdenken, deren

kein

kein Katholik fähig ist, aber auch nicht mit der Aengstlichkeit, und Sorgfalt eines Katholiken, dem daran gelegen ist, rechtliche Gründe zusammen zu bringen, wodurch Bedrückungen eines heil. Kirchenvaters abgewendet, und der nach der katholischen Kirchenverfassung demselben dennoch schuldige Gehorsam nicht ausser Augen gesetzet werde. Er hat die Sache vielleicht nur historisch beleuchtet, und die verschiedene Aktenstücke nicht so gegen einander gehalten: wie nach den Regeln der Auslegungskunst die juristische Resultate sich ergeben, gegen wen auch in Ansehung der historisch unerklärbaren Stellen die Vermuthung obwalte, und gegen wen die Auslegung geschehen müße. Uebrigens sind es blose Vermuthungen eines Gelehrten, die bey weitem keine Verbindlichkeit gegen das katholische Deutschland begründen können. Wie wenig die Meinung des Hrn Professors Spittler dem Pabste günstig seye, zeigt seine nähere Erklärung in dem götting. historischen Magazin im

4ten

4ten Bande 4. Stück Nro 8. Seite 160. Und da jene Gründe, welche der Hr Verfasser der bewusten Beantwortung der Auslegung des Hrn Mote entgegen sezte, nach meiner geringen Einsicht keineswegs überwiegend sind: so wage ich es, jene rechtliche Resultate, die ich nach Zusammenhaltung sämtlicher Aktenstücken herausbrachte, dem Publikum zur weitern Beurtheilung vorzulegen.

§. 57.

Auf die von der Entschlossenheit der zu Frankfurt versammelt gewesenen Reichsständen erhaltene Nachricht sandte der Pabst im Jahr 1446. einen Legaten nach Frankfurt mit einem Schreiben vom 22. Julius des nämlichen Jahres, worin er selbsten bekennet, daß er sich schon einmal gegen die Nation erboten, das baseler Konzilium, und jene darin enthaltene Vorschriften zu erkennen, die bis zu der Zeit abgefaßt worden, da solches von ihm aufgehoben wurde. Er erkläret weiter in diesem

sem Schreiben: Da aber die Nation auf Bestätigung sämtlicher von ihnen angenommenen Dekreten bestünde; so bevollmächtige er diesen seinen Abgesandten, von diesen Dekreten Kundschaft einzuziehen, die geschehene Annahme derselben ohne alle weitere Rückfrage zu bestätigen, und gut zu heißen. Sie sollten sich auch noch über dieß wegen andern von der Nation angebrachten Beschwerden gütlich zu vereinigen suchen, mit dem Zusaße, daß er hiemit schon zum voraus alles dasjenige begnehmige, was sie wegen Annahme der befragten Dekreten gutheißen, oder sonst mit der Nation abschließen würden. Für alles dieß behielt sich der Pabst nur das einzige bevor, daß ihm wegen den durch die geschehene Annahme der baseler Dekreten zugegangenen Beschwerden einige Entschädigung zuerkannt würde (kk).

Aus

(kk) Dieses Schreiben befindet sich in der Sanctione pragmatica Germanorum von Koch pag. 174 folgenden Inhalts: „Sic „generalia Concilia, Constantiense. & Ba„sileense ab ejus initio usque ad trans„latio-

Aus dieser Vollmacht des einen contrahirenden Theils muß nun schon meines wenigen Erachtens die rechtliche Schlußfolge gezogen werden, daß die Nation mit jenen Dekreten des baseler Konziliums, die bis zu Aufhebung desselben abgefaßt waren, sich nicht beruhigen wollte, daß zu Abhelfung

„lationem per nos factam, absque tamen
„præjudicio juris, dignitatis, & præemi-
„nentiæ sanctæ Sedis apostolicæ, ac po-
„testatis sibi, & in eadem canonice se-
„denti in persona B. Petri a Christo con-
„cessæ cum omni reverentia, & devotio-
„ne suscipimus: quia tamen præfati Rex,
„& Electores super confirmatione De-
„cretorum per suam Nationem accepta-
„torum specialiter institerunt &c. &c.
„Nuncios nostros cum plena potestate
„Legatorum de latere duximus destinan-
„dos &c. &c. Ut opus fuerit, nostro,
„& apostolicæ Sedis nomine ratificetis,
„& approbetis; proviso tamen ante om-
„nia, quod in recompensam gravaminum,
„quæ ex aliquibus ex his Decretis nobis,
„& apostolicæ Sedi inferuntur, debita via
„per Nationem ipsam, ac ejus Prælatos
„nobis, & apostolicæ Sedi provisio &c.
„Plenam, & liberam concedimus facul-
„tatem, & potestatem, ratum, & gratum
„habituri, & ex nunc habentes, quidquid
„per vos confirmatum, ratificatum, ap-
„probatum, deputatum, tractatum, con-
„clusum, receptum &c."

fung der Beschwerden derselben etwas weiteres, als die Anerkennung dieser Dekreten, müste zuerkannt werden, und daß der eine contrahirende Theil seine Abgeordnete auch hiezu ermächtigte.

§. 58.

Von der Reichsversammlung wurde nach dem Empfang, und Erwägung dieser päbstlichen Erklärung auch ihres Orts eine Gesandschaft nach Rom abgesendet: in der derselben mitgegebenen Vollmacht wird der ganze Inhalt des päbstlichen Schreibens wiederholet, und das von ihm gemachte Anerbieten zum Grund, aber auch zum Hauptbedingniß der Vereinigung gesetzet, worüber sie sich folgender Maßen ausdrückten: „Und sich sein Heiligkeit „nun dazu aber willig erbiethet, und mel„det, daß er nach Nothdurft, Unterschied „und Gelegenheit der Nation gern verse„hen, und versorgen wolle, denen, die „solches begehren, auch nach Meynung „der aufgenommenen Decreten, und

„an

„an den Enden, da sie aufgenommen
„seyen; in Getrauen, daß der allerdurch=
„lauchtigste Fürst der röm. König, und die
„Kuhrfürsten, und die würdige Nation
„dem heil. Stuhl zu Rom an der statt ei=
„ne Wiedererstattung thue 2c." Sodann
erkläret sie weiter: „Und uns solche Ant=
„wort, so fern der nach Möglichkeit
„und Billigkeit nachgegangen wird,
„ein redlich gnüglich Antwort bedünkt,
„daß wir überkommen, und einig worden
„seyn, auch auf solche redlich Weg bey
„einander zu seyn, und zu bleiben, und
„um deßwillen eine treffliche Bottschaft
„zu Pabst Eugenio fürderlich zu schicken;
„also ausgericht, daß die Botten darüber
„und daran seyn, damit unser heil. Vater
„der Pabst solcher Zusag nachkommen, und
„dessen nothdürftige Versorgniß nach
„Möglichkeit und Billigkeit thun 2c."(11).

In diesem Schreiben ist nun die aus=
drückliche Entschließung der Nation ent=
halten,

---

(11) Sieh bey Koch l. c. pag. 176.

halten, daß sie sich 1) mit der Anerkennung des baseler Konziliums bis auf die Zeit, wo solches von dem päbstl. Stule aufgehoben wurde, nicht begnügen wollte, daß sie 2) ihre Beschwerden nach dem Maße der angenommenen baseler Dekreten gänzlich, und endlich abgethan wissen wollte, und daß 3) die Erzbischöfe von Trier und Köln wieder in ihre Würde eingesetzet, und erkannt werden müsten: dagegen sollte gleichwohl dem Pabste seines erlittenen Verlustes wegen einige Entschädigung verwilliget werden. Das merkwürdigste ist, daß über diese gefaste Entschliessungen der Nation den Abgeordneten versiegelte Briefe mitgegeben worden; daß sie angewiesen wurden, ihre Erklärung nicht ehender auszustellen, bis von dem Pabste die behörige Bullen ausgefertiget worden. Und sollte der Pabst diesem nicht nachkommen; d. i. sollte den Beschwerden der Nation nach dem Maße der angenommenen Dekreten nicht gänzlich abgeholfen werden: so waren die Abgeordnete weiter angewiesen,

die

die ihnen zugestellte Erklärung nicht von sich zu geben: folglich sollte der Pabst nur unter gänzlicher Erfüllung der gesetzten Bedingnissen als das rechtmäßige Kirchenoberhaupt von der Nation erkannt werden, und nur auf solche Art sollte die Vereinigung zu Stand kommen. Die in diesem Schreiben bemerkte versiegelte Schedulæ, und die für den Pabst den Abgeordneten mitgegebene Declaration würde sicher in dieser Sache noch einen weit bestimmtern Beweis liefern: sie sind gewiß in dem päbstlichen Archive aufbewahret; und würden sie für Rom etwas Tröstliches enthalten: so hätten die Herrn Kurialisten solche längstens zum Vorschein gebracht.

§. 59.

Nun ist doch wohl nicht zu bezweifeln, daß eine Nation aus einem durch ihre Abgeordnete errichteten Vertrag nur in so weit verbindlich werden könne, als sie hiezu Vollmacht ertheilet. Hier liegt aber

aber das Anerbieten des päbstlichen Hofes sowohl, als die Vollmacht der Nation, daß durch diesen Vertrag ihre Beschwerden nach dem Maße der baseler Dekreten gänzlich, und endlich abgethan werden sollten; oder daß die Bestätigung der baseler Dekreten für allezeit geschehen solle, deutlich vor Augen: folglich muß derjenige, der behauptet, daß die mit dem Pabste wegen der Annahme, und der Giltigkeit der baseler Dekreten zu Stand gebrachte Koncordaten nur auf eine kurze Zeit, und zwar in solange bestehen sollen, bis durch einen abzuschickenden Legaten concordiret worden, den deutlichsten Beweis führen, daß die Abgeordnete eine andere Vollmacht, und Gewalt erhalten, als hier wirklich vorgelegt ist, oder daß die Nation den wider den Umfang der ihnen ertheilten Gewalt geschlossenen Vertrag bestimmt ratificiret hätte. Dann die Gesandten waren ausdrücklich angewiesen, daß, wenn den gesetzten Bedingnissen in allem nicht nachgekommen würde, sie ihre

In-

Inſtruktion zurückbringen ſollten. So lange dieſer Beweis nicht auf eine ganz genügliche Art beygebracht wird; ſolange bleibt die Natiou immer berechtiget, den Vertrag ganz nach dem Sinne ihrer gegebenen Inſtruktion zu erkldren; um ſo mehr, da die vorliegende Vollmachten mit dem von dem andern contrahirenden Theile gemachten Anerbieten vollkommen übereinſtimmen.

§. 60.

Daß die Nation auch noch nach dieſen zu Rom geſchloſſenen Koncordaten gar nicht dachte, über die Giltigkeit, und fernere Dauer der angenommenen baſeler Dekreten erſt noch weiter zu concordiren, daß ſie im Gegentheile ſich nochmals beſtimmt erklärte, auch dem Pabſte Nicolao V. nicht anderſt, als unter den nämlichen Bedingniſſen den Gehorſam zu leiſten, unter welchen ſie Eugenium IV. als das Oberhaupt der Kirche erkannt habe. Davon geben uns die Aviſamenta A-

ſchaf-

schaffenburgensia den weitern Beweis: daselbst heißt es: „Item dabit sanctissimus Dominus noster litteras Sanctitatis suæ in ea forma, qua Prædecessor suus pro commodo, & quiete Nationis nostræ concessit, ratum, & gratum habendo. Hier ist besonders zu erinnern, daß die Bulle, wodurch der Pabst Nicolaus V. die zu Gunsten der deutschen Nation ausgestellte Bulle des Pabstes Eugenii gleich auf Veranlassung der deutschen Gesandten bestätigte, schon vom 28. März 1447 ausgestellet seye; und die Avisata sind vom 13. Julii 1447: folglich wollten sie hier nochmals versichert seyn, daß alles unter Nicolao V. so sollte bestehen bleiben, wie es unter Eugenio IV. zu Stande gekommen. Dieses erhellet noch deutlicher aus folgendem: „Item providebitur con-
„tra illos, qui possessores beneficio-
„rum contra Concordata cum S. S.
„Domino nostro molestaverint &c.
„&c. Dann heißt es weiter selbst:
„Item concludetur ibi provisio
S. S. Domini nostri & Sedi

„apostolicæ facienda, si tempore me-
„dio cum Legato non fuerit concor-
„datum ". Es sollte also auf dem künftigen Reichstage weiter nichts beschlossen
werden, als die dem Pabste in den römischen Koncordaten zugestandene Vergütung,
oder Entschädigung, wenn in der Zwischenzeit hierüber mit einem Legaten nicht
concordiret worden: wäre sich die Nation
bewußt gewesen, daß anförderist über den
Bestand und die Dauer der baseler Dekreten concordiret werden müße; oder daß
solche nur so lange zu Gunsten der Nation
bestehen sollten, bis mit einem Legaten concordiret seye: so wäre sicher davon Erwähnung geschehen, und man würde sich ganz
anders ausgedruckt haben.

§. 61.

Ferner sollen die sogenannten Aschaffenburger Concordata auch nur in einigem Betrachte als ein giltiger National-
vertrag angesehen werden, welches jedoch
(wie unten näher darthun werde;) noch
nicht.

nicht zugeben kann: so müßen die Avila-
ta Aschaffenburgensia als die Vollmacht
der Nation, als der Hauptgrund, wornach die Concordata abgeschlossen werden konnten, betrachtet werden; dann diese sind unter Einfinzung sämtlicher Ständen auf dem Reichstage zu Aschaffenburg
zu Stande gekommen, dagegen die Concordata zu Wien zwischen dem Kaiser,
und dem päbstlichen Legaten allein abgeschlossen wurden, denen nachhero nur einzelne Stände einzeln beygetreten sind: was nun
in jenen nicht enthalten, und wozu jene
nicht ermächtigen, dieß kann in den sogenannten Aschaffenburger Koncordaten, die
aber im Grunde zu Wien abgeschlossen worden, weder gedacht, weder interpretiret,
noch auf sonstige Art herausgeklügelt werden. Nun wird in denselben oben ange-
führter Maßen nichts anders beschlossen;
es wird zu nichts anders berechtiget, als
daß dem Pabste die versprochene Vergütung, oder Entschädigung auf dem künftigen Reichstage verwilliget werden solle,

wenn

wenn hierüber in der Zwischenzeit mit einem Legato nicht concordiret worden, folglich muß auch die Auslegung der Aschaffenburger Konkordaten dabey ihre Schranken finden (mm).

§. 62.

Aus der Bulle des Eugenius selbsten ist nun besonders merkwürdig: 1) daß er gleich beym Anfange erkläret, wie er zu allem geneigt seye, auch dasjenige gerne verstatte, wodurch die Ruhe, und die Bequemlichkeit der deutschen Nation befördert werden könne:

2) Daß er sich hierin auf das oben angeführte Schreiben, worinn er seine Meinung in Ansehung der Konzilienschlüssen zu erkennen gegeben, wobey sich aber die Nation nicht beruhigen wollte, nochmals ausdrücklich berufet (nn). und dann erst 3)

(mm) Sehe die Avisata des Reichstags zu Augsburg in Müllers R. T. Theatro unter Frider. V. Tom. I. pag. 355.

(nn) „Ea libenter concedimus, per quæ ipsius Nationis personarum quieti, & com-

3) Den Uebergang folgender Maßen macht: „Super aliis autem Decretis „Basileæ editis, & per præclaræ me- „moriæ quondam Albertum Regem „Romanorum acceptatis, ex quorum „obſervantia Natio ipſa allemannica „ex pluribus gravaminibus dicitur re- „levari, contenti ſumus, volumus, & „decernimus, quod omnia & ſingula „vigore Decretorum hujusmodi cum „ſuis modificationibus acceptatorum, „per eos, qui illa acceptaverunt, vel „acceptantibus in natione præfata ad- „hæſerunt, uſque in præſentem diem „quomodolibet geſta, vel acta ſunt, „cum omnibus inde ſecutis rata, fir- „ma, & inviolabilia perſiſtant, nec „inpoſterum a quoquam quavis au- „ctoritate caſſari, vel annullari, aut „in

---

„moditatibus conſulatur &c. &c. Non- „nulla circa Concilium conſtantienſe, ejus- „que Decreta, nec non futuri convoca- „tionem Concilii mentem noſtram concer- „nentia declaravimus, prout in ipſis litte- „ris continetur". Vid. Koch in ſanctio- ne pragmat. Germanorum, pag. 183.

„in irritum quovis modo valeant re-
„vocari: quodque omnes, & singu-
„li, qui usi sunt illis, aut in vim di-
„ctorum Decretorum a die accepta-
„tionis eorundem quidquam consecu-
„ti sunt, securi sint, & quieti; nec
„propterea impeti, turbari, aut mo-
„lestari possint quomodolibet in futu-
rum".

In soweit wurde also die von den Deutschen geschehene Annahme der baseler Dekreten, und zwar zu dem Ende, damit den bishero geführten Beschwerden dadurch abgeholfen würde, begnehmiget, und derselben fernern Giltigkeit ohne alle Einschränkung, und dem mindesten Vorbehalte ausdrücklich beschlossen, auch alles dasjenige, was in Bezug derselben vorgegangen, und zuerkannt wäre, eben so unbedingt gutgeheißen (oo).

Nun äußerten sich aber Anstände, die eine nähere Bestimmung erforderten; und zwar erstlich wurden von einigen Ständen selbst

---

(oo) Koch l. c. pag. 184.

selbst über die Einführung einiger Dekreten Beschwerden geführet; 2tens wollte der Pabst der ihm versprochenen Vergütung, oder Entschädigung wegen auch sicher gestellt seyn.

Gudenus in seinen Subsidiis diplomaticis liefert uns eine Urkunde, wodurch wir eine vollkommene Aufklärung erhalten, vom wem jene Beschwerden geführet, und worin solche bestanden (pp).

Unter den von der Nation angenommenen baßler Dekreten war nämlich auch jenes de Annatis, wodurch verordnet wurde, daß künftig bey den Wahlen, auch sonstigen Vergebung von Pfründen jeder Art sowol zu Rom, als an andern Orten die Entrichtung aller Annaten, und sonstiger Abgaben, die einer Simonie ähnlich sind, unterbleiben sollen. Nun fand sich aber, daß in der ganzen erzbischöflich- mainzischen Diöcese, und zwar in allen derselben untergeordneten Bisthümmern die Entrich-

---

(pp) Gudenus in Subsid. diplom. Tom. VI. pag. 1.

richtung solcher Annaten per observantiam eingeführet ware. Der damalige Erzbischof Theodorich von Mainz, aus Besorgniß es möchte ihm und seiner Geistlichkeit durch Annahme dieses Dekrets ein Verlust zugehen, legte daher unter dem 25 März, folglich gerade den Tag vor der geschehenen Acceptation bey den Ständen eine feyerliche Verwahrung ein: diese schienen aber selbst in der bey dem Konzilium anverlangten Modifikation auf diese Beschwerden keine Rücksicht zu nehmen; und da er zur nämlichen Zeit, und laut der nämlichen Urkunde, die bey der Reichsversammlung anwesend gewesene Gesandten des Konziliums um Abänderung dieses Dekrets gebetten: so haben diese zwar ihre Verwendung zugesichert; sie haben aber entweder ausser Acht gelassen, ihren Vortrag diesfalls bey dem Konzilium zu machen, oder das Konzilium selbst hat auf diesen Antrag des mainzischen Erzbischofs keinen Bedacht genommen, und deswegen hat derselbe, wie sich aus

H allen

allen Umständen deutlich zu Tage legt, seine Beschwerde zu Rom selbst angebracht. Der Erzbischof, und die ihm untergeordneten Bischöfe waren also sicher jene Stände, die sich durch Einführung gewisser baseler Dekreten beschwerten.

Wenn ich nun diese offenbar erwiesenen Umstände zu Rath ziehe: so kann, ohne nach dem Fingerzeige der Beurtheilungskraft der natürlichsten Ideenverbindung Zwang anzuthun, die bewuste Stelle: donec per Legatum, ut prædictum est, concordatum fuerit, nicht anders erklären, als daß die angenommenen baseler Dekreten blos allein mit den von der Nation überhaupt anerkannten Modifikationen bey der nun einmal verwilligten Giltigkeit ohne alle weitere Einschränkung in solange bestehen sollen, bis über die fernere Befolgung, oder Modifikation des Dekrets de Annatis, als den ersten Anstand; sodann über die weitere Modifikation der Dekreten zu einiger Entschädigung des Pabstes, als der zweyten

Be=

Bedenklichkeit, mit dem abzuschickenden Legaten würde konkordiret seyn.

Bey dieser Auslegung erhält auch jene Stelle nach den aus den obigen Urkunden zu Tage gelegten wahren Gesinnungen der Kontrahenten ihre dem Inhalte der Bulle in seinem wahren Zusammenhange angemessene natürlichste Erklärung, ohne daß es nöthig ist, daß Wort: aliter aus dem einen Satze in den andern zu schieben.

Daß aber die baseler Dekrete nur so lange in ihrer Rechtskraft bestehen sollten, bis durch ein Konzilium ein anderes verfüget worden seye; dieß ist wohl keinem Anstande unterworfen: dann rückfichtlich eines künftigen Konziliums ward gleich nach der ersten Absicht der Nation die mit dem Pabste getroffene Vereinigung, als ein bloser Temporalvergleich betrachtet.

§. 63.

§. 63.

Die von der Geistlichkeit der mainzer Dioces gegen die Befolgung einiger baseler Dekreten bey dem röm. Stule angebrachte Beschwerden wurden nicht weiter fortgesetzet; es wurde keine weitere Modifikation verlanget; in den aschaffenburger Avisatis wurde blos verordnet, daß die dem Pabste zugesicherte Provision entweder auf künftigem Reichstage beschlossen, oder mit dem ankommenden Legaten darüber konkordiret werden solle.

Wenn also die Vertheidiger der Nuntiaturen behaupten, daß durch das, was mit dem Legaten konkordiret worden, der fernere Bestand der baseler Dekreten gänzlich aufgehoben seye: so müßten sie beweisen, daß die von einigen Ständen angebrachte Beschwerden über die Befolgung der baseler Dekreten fortgesetzet, und daß die Nation durch Mehrheit der Stimmen eine solche Modifikation verlanget, wodurch nicht nur das Dekret de Annatis, sondern

sondern die Giltigkeit sämtlicher Dekreten gänzlich vernichtet wurde. Solange sie dieses aber nicht auf eine überzeugende Art rechtlich darthun: so kann und darf in den sogenannten aschaffenburger Konkordaten keine weitere Modifikation dieser Dekreten vermuthet, oder unterstellt werden, als jene, welche die dem Pabste verwilligte Provision, oder Vergütung nothwendig machte.

§. 64.

Wenn ich nun jene Stelle: „In aliis, „quæ per felicis recordationis Domi-„num Eugenium Papam IV. pro na-„tione præfata ufque ad tempus fu-„turi generalis Concilii permiffa, con-„ceffa, indulta, atque decreta, & per „memoratum Ss. Dominum noftrum „Papam Nicolaum confirmata fuere, „in quantum illa concordiæ præfenti „non obviant, ifta vice nihil extitit „immutatum." wenn ich, sage ich, auch diese Stelle nach dem Zusammenhange der vorliegenden Aktenstücken erwdge; so kann solche keine andere Auslegung leiden, als jene, daß die baseler Dekrete, in so weit sie durch die aschaffenburger Konkordaten keine ausdrückliche Modifikation erlitten, aufrecht stehen bleiben müßen. Dann daß durch die Bestätigung jener Dekreten nicht blos zu Gunsten des römischen Hofes, sondern vorzüglich zum Beßten der deutschen Nation etwas geschehen muste, daß ihren Beschwerden dadurch abgeholfen werden sollte; dieß hat sowohl der Pabst Eugen, als Nicolaus V. in den verschiedenen Bullen deutlich erkläret; daß auch durch jene Worte: quæ permissa, concessa, indulta, atque decreta fuerunt, nicht blos jene baseler Dekreten verstanden werden können, die bis zu Wiederaufhebung des Konziliums erlassen, und von dem Pabste freywillig anerkannt worden, dieß erhellet ebenfalls aus dem erstern oben angeführten an die Nation erlassenen Schreiben des Pabstes Eugen IV. vom 22. Julii 1446, worinn er erkläret,

daß

daß er die Dekreten des Konziliums zu Basel bis auf die Zeit der von ihm geschehenen Aufhebung zwar anerkenne, daß aber die Nation auf Bestätigung der übrigen baseler Dekreten bestanden. In der Begnehmigung selbst vom 5. Februar 1447 berufet er sich abermals auf dieses Schreiben, und macht sodann den hier nicht weniger entscheidenden Uebergang: „Super
„aliis autem Decretis Basileæ editis,
„& per præclaræ memoriæ ALBER-
„TUM quondam Romanorum Regem
„acceptatis, ex quorum obfervantia
„Natio ipfa allemannica ex pluribus
„gravaminibus dicitur relevari: con-
„tenti fumus, volumus, & decerni-
„mus". &c. &c.

Aus allem diesem muß ich nun nothwendig gegen die Behauptung des Herrn Beantworters den Schluß ziehen, daß sowohl nach den Absichten der Nation, als nach der Begnehmigung des Pabstes, nach allen sowohl zu Rom, als in Deutschland mit dem Legaten gepflogenen Unterhandlungen

lungen einige baseler Dekreten mehr, als jene, die der Pabst gleich anfangs für giftig erkennen wollte, in Deutschland als verbindliche Kirchensatzungen eingeführet, und für allzeit aufrecht stehen bleiben sollten: sonst hätte die angeführte Stelle: in aliis autem, gar keinen rechtlichen Sinn.

§. 65.

Die Sache wird noch klärer, wenn man das Schreiben Eugen IV. an den Erzbischofen Theodorich zu Mainz vom 13. Febr. 1447 mit den übrigen Aktenstücken vergleichet.

Der Hauptsatz der Vertheidiger der Nuntiaturen bestehet darinn, daß die sogenannten Fürstenkonkordaten, als ein bloser Interimsvergleich, als ein Vergleich ad tempus, der wieder erloschen seye, sobald mit einem Legaten konkordiret worden, zu betrachten seye. In dieser Urkunde wird dem Erzbischofen von Mainz ohne alle Einschränkung die Vollmacht ertheilet: Super facta acceptatione Decretocretorum Basileensium unter seinem, und dem Siegel einiger Stiftsprälaten zur Beruhigung derjenigen, so aus den basler Dekreten einiges Recht, oder einigen Besitz erworben, glaubwürdige Urkunden auszustellen (qq). Wäre man sich zu Rom bewußt gewesen, daß die Fürstenkonkordaten nur ad tempus seyen, daß die basler Dekreten nur solange gelten könnten, bis man weiter konkordiret: so wäre gewiß der Erzbischof von Mainz in diesem Schreiben angewiesen worden, sich bey Ausstellung solcher Urkunden darnach zu benehmen: man würde ihm gewiß erkläret haben, daß die Folgen der geschehenen Acceptation nur bis auf weitere Konkordirung bestehen können.

Ferner in der Bestätigungsbulle des Pabstes Nicolai V. heißt es: „cum igi-
„tur felicis recordationis Eugenius
„Papa IV., quæ Decessor noster ad
„requisitionem &c. &c. nonnulla pro
„com-

(qq) Sieh die Urkunde bey Koch a. a. O. S. 195.

„commodo, ſtatu, & utilitate Na-
„tionis germanicae &c. &c. concef-
„ferit, ac indulſerit" &c. &c. Dann
heißt es ferner: „Tenore preſentium
„declaramus, noſtrae intentionis fu-
„iſſe, & eſſe: quod per quaecunque
„ſtatuta, decreta, ordinationes, re-
„gulas, & ſignaturas etiam ſupplica-
„tionum per nos facta, ſeu impoſte-
„rum fienda, ſeu per quasvis gratias
„per nos de caetero concedendas in
„nullo derogetur factis, geſtis, con-
„ceſſis, ſtatutis, & indultis hujus-
„modi per ipſum Praedeceſſorem in
„natione praedicta, neque eis aliquod
„in parte, vel in totum praejudicium
„generetur, cum intentionis noſtrae
„ſit, geſtis, factis, conceſſis, ſtatu-
„tis, & indultis hujusmodi in nulla
„re contraire, quin potius, ut ea
„ſuum conſequantur effectum, vo-
„lumus, & decernimus inviolabiliter
„obſervari, & firma in ſingulis per-
„manere".

Wie

Wie konnte dieses gesagt werden, wenn es so ausgemacht ware, daß die Annahme der baseler Dekreten nur ad tempus verwilliget worden, und wenn alles, was zugestanden worden, nur solange dauern sollte, bis man mit einem abzuschickenden Legaten konkordiret.

Wie ist es wohl bey der Behutsamkeit, und ausnehmenden Vorsicht der Römer zu vermuthen, daß Nicolaus V. hier nicht besonders würde ausgedruckt haben, er bestätige dasjenige: quæ Papa Eugenius IV. pro commodo, statu, & utilitate Nationis germanicæ tantum ad tempus concesserit, & indulserit; wehn er sich mit dem mindesten Rechte darauf hätte berufen können; oder wenn er nur bey der Nation den entferntesten Gedanken hätte blicken lassen dörfen, daß man auf diese Art die Fürstenkonkordaten in Rom zu erklären gedenke. Gudenus hat uns das Schreiben aufbewahret, welches der Pabst seinem Gesandten, dem Kardinal Johannes, der die aschaffen-

hurburger Konkordaten abſchlieſſen halfe, an den Erzbiſchof Theodorich nach Mainz mitgegeben; darinn heißt es unter andern: „Concordatum fuit, ut noſti, per „chariſſimi in Chriſto filii noſtri Fri„derici Romanorum Regis illuſtris, „nec non Tuos, & alios plerosque „Oratores Nationis germanicæ, cum „felicis record. Eugenio Papa quar„to, Prædeceſſore noſtro ſuper mul„tis bonum ſtatum, & commodum „ejusdem Nationis concernentibus, „inter alia vero mentio fuit habita „de mittendo ad partes illas Legato, „ſuper pluribus in natione ipſa dis„ponendis“ (rr).

Iſt wohl bey der ganz beſondern Geſchicklichkeit der Römer, ihre Rechte, und Anſprüche bey jeder Gelegenheit geltend zu machen, anders zu ſchlieſſen erlaubt, als daß der Pabſt in dieſem Schreiben ausdrücklich würde geſagt haben: es ſeye mit dem Pabſte Eugen IV. verſchiedenes,
aber

(rr) Gudenus Codex dipl. Tom. IV, pag. 304.

aber nur ad tempus konkordiret worden, wenn ihn die von der Nation eingegangene Verbindlichkeit nur im mindesten berechtiget hätte. Der Pabst erwähnet hier noch eines andern Schreibens, welches der nämliche Legat für den Erzbischof mitbrachte, und worinn er seine Meinung über die Art, was konkordiret werden sollte, dem Erzbischofen näher eröffnete.

Da sich schon so viele gelehrte Männer durch Zusammenbringung jener Aktenstücken, welche diese wichtige Nationalangelegenheit aufklären, große Verdienste erworben; da sich allerdings mit Grunde vermuthen läßt, daß dieses Schreiben annoch in dem kurfürstl. mainzischen Archive aufbewahret seye; so würde dem Publikum vielleicht ein beträchtlicher Dienst geleistet, wenn auch dieses Schreiben annoch vorgelegt würde: sehr wahrscheinlich muß sich daraus die Verlegenheit ergeben, in welcher der römische Hof sich dmals befunden, und aus welchem Gesichtspunkte er die Dauer, oder Nichtdauer der Fürsstenkonkordaten damals betrachtet habe; es könnte vielleicht ein neues Licht über die ganze Streitsache verbreitet, und den gegenseitigen Einwendungen dadurch auf einmal ein Ende gemacht werden.

§. 66.

So sehr ich die Gelehrsamkeit des H. Gregel schätze, und so wenig ich demselben weder an Belesenheit, noch an Kenntniß von dem ganzen Umfange dieser National-Angelegenheit gleichzukommen behaupte: so kann ich doch blos nach der Art, wie sich die Sache aus dem Zusammenhange der bekannt gewordenen Aktenstücken mir darstellet, und wie ich unten noch näher zeigen werde, seiner Meinung nicht beypflichten: allein auch aus seinen Bemerkungen läßt sich für die Nuntien mit Fakultäten wahrhaft nichts Ersprießliches begründen: das Resultat seiner Bemerkungen gehet immer dahin, daß die baseler Dekrete in soweit aufrecht bestehen, als sie durch die aschaffenburger Konkordaten

daten nicht modificiret worden, daß sie als eine für den Pabst sowohl, als für die Nation verbindliche Kirchensatzung zu betrachten, daß das Dekret de causis & appellationibus, worauf es hier ankömmt, ins besondere durch die aschaffenburger Konkordaten bestätiget worden, die Dekreten mögen nun als Fürstenkonkordaten, oder als eine Folge der geschehenen Acceptation bestehen, dieß ist, in Bezug der vorliegenden Streitfrage, im Grunde das nämliche. Es ist freylich nicht zu miskennen, daß von Seiten Roms in allen Urkunden zweydeutige, vage, und solche Ausdrücke gebraucht worden, wodurch man sich bemühete, die Nation irre zu führen, und selbst in Verwirrung zu bringen: dieß kann aber weder dem Rechtsbestande der errichteten Verträgen etwas benehmen, weder jene rechtliche Vermuthung ändern, die nach dem Zusammenhänge, und nach der Natur der Sache sich ergiebt; noch weniger aber von jenem Beweise befreyen, der mit der Behauptung gewisser

Sätzen

Säzen verknüpfet ist, und der nach dem Geiste der eintretenden Rechtsregeln den Kurialisten obliegt.

§. 67.

Bey Erwägung der Frage: Ob die aschaffenburger Konkordaten als ein Hauptreceß, oder als ein Nebenreceß, als eine Ausnahme von den ersten Konkordaten, oder als neue Konkordaten zu betrachten seyen? geben meines wenigen Erachtens die Advisata aschaffenburgensia abermals die vollkommene Aufklärung dahin, daß sie ein besonderer Vertrag seyen, der mit dem päbstlichen Hofe über die ihm zugesicherte Vergütung, oder Entschädigung errichtet worden. Da die Beschwerden der Nation abgethan waren, da sie der Giltigkeit der baseler Dekreten bereits versichert waren, da, wie gesagt, von niemand über dieselbe weitere Beschwerden geführet worden, von niemand eine weitere Modifikation anverlangt wurde: so kann ich meines Orts keinen vernünftigen

Grund

Grund einsehen, warum in diesen Konkordaten jenes ersteren Hauptvertrages, worinn jenes zugesichert wurde, so keiner weitern Erörterung nöthig hatte, nochmals hätte Erwähnung geschehen sollen. Man vereinigte sich hier blos über das, was zu Gunsten des Pabstes versprochen ware: das, was zum Vortheil der Nation geschehen sollte, war bereits zu Stande gebracht; es ware also keine weitere Erwähnung nothwendig, als die allgemeine Bemerkung, daß alles dasjenige, was vom Pabste Eugen IV. zum Beßten der Nation zugegeben, und begnehmiget wurde, auch ferner bestehen solle, die dann auch wirklich angebracht wurde. Da aber dem Pabste keine Entschädigung verwilliget werden konnte, ohne daß die angenommenen baseler Dekreten eine merkliche Modifikation erlitten: so ist freylich die rechtliche Folge unvermeidlich, daß der erstern Uebereinkunft durch den letztern Vertrag in soweit derogiret wurde, als solche eine ausdrücklich entgegengesetzte Bestimmung enthält. J VI.

VI. Kapitel.

Zuſammentrag jener Beweisgründen, daß die Nation auch nach den aſchaffenburger Konkordaten ſich noch auf ſolche Rechte berufen darf, welche durch die Annahme der baſeler Dekreten begründet worden.

§. 68.

Aus dem Zuſammenhang der verſchiedenen durch die Nation von Zeit zu Zeit, ſo oft ſie nach der Reichsverfaſſung zuſammenwirken konnte, angebrachten Beſchwerden ergiebt ſich offenbar, daß ſie ſich immer auf die mit dem päbſtlichen Stule errichtete Konkordaten, Verträge, Vereinigungen insgeſamt berufen, daß ſie ihre Nationalfreyheit, die Statuten und Gewohnheiten einer jeden Kirche ins beſondere wollte aufrecht erhalten wiſſen: ſie hatte die aſchaffenburger Konkordaten eben ſo wenig ins beſondere, als die eigentliche Fürſtenkonkordaten angeführet. Es iſt mir wenigſtens kein Reichsgeſätz, oder ſonſtige Nationalerklärung unter die Hand gekommen, worinn man ſich auf die

aſchaf-

aschaffenburger Konkordaten, als einen Hauptvertrag, noch weniger als das einzige Gesäz, welches das Verhältniß der deutschen Kirche mit dem römischen Hofe bestimmt, berufen habe. Den Herren Kurialisten liegt also der rechtliche Beweis ob, daß die Nation durch das Wort: Konkordaten und Verträge blos die aschaffenburger Konkordaten verstanden, und daß sie diese leztere Uebereinkunft als den alleinigen für den römischen Hof verbindlichen Vertrag angesehen habe. Und in so lange dieses nicht überzeugend dargethan ist, bleibt der Nation immer das Recht vorbehalten, zu erklären, wie sie ihre gebrauchte Worte verstanden habe; nach der bekannten Rechtsregel: Quivis est verborum suorum interpres.

§. 69.

In den hieher gehörigen Stellen der Reichsschlüssen, und in den geführten Beschwerden der Nation kommen oft die Worte: Concordata Principum vor;

da nun jene zu Rom vollzogene Uebereinkunft; wodurch die baseler Dekreten die Kraft eines verbindlichen Gesätzes in der deutschen Kirche erhalten, vorzüglich durch jene Fürstenvereinigung, wodurch die vornehmste deutsche Stände so rühmlich zusammengewirket, und für einen Mann gestanden haben, zu ihrer Vollkommenheit gediehen sind; dagegen die aschaffenburger Konkordaten meistens zwischen dem Kaiser, dem Erzbischofen von Mainz, und dem Kardinal Legaten allein abgeschlossen wurden: so muß nach allen Umständen durch das Wort: Fürstenkonkordaten (Concordata Principum) blos jene Uebereinkunft verstanden werden, wodurch die Aufrechthaltung der baseler Dekreten begründet wurde.

§. 70.

Die von den Ständen bey so verschiedenen Gelegenheiten nach und nach laut geführten Klagen, und angebrachten Beschwerde bezeugen übrigens deutlich, daß
sie

sie sich zu den baseler Dekreten annoch be‍rechtiget hielten. Sie verlangten deswe‍gen mehrmals, daß ihr Kirchenverhältniß zu dem römischen Hofe nach dem Maße dieser Dekreten bestimmt werden sollte. Die Bedrückungen von Seiten Roms ge‍gen die Nation waren gar vielfältig; man scheuete sich sogar nicht, selbst den für den päbstlichen Stul so vortheilhaften aschaf‍fenburger Konkordaten entgegen zu han‍deln; die Beschwerden waren daher eben so verschieden, und wurden zu verschiede‍nen Zeiten bald jene, bald diese in das Ver‍zeichniß gebracht; nachdem bey den ver‍schiedenen Gelegenheiten die Gemüther durch die eine, oder die andere Gattung von Bedrückungen mehr, oder weniger in Bewegung gesetzet waren.

§. 71.

Gleich nach dem Absterben des Pab‍stes Nicolaus V., das im J. 1455 er‍folgte, machten Kurfürsten und Stände bey dem Kaiser den Antrag, den römischen

J 3   Stul

Stul solchergestalt einzuschränken, damit in Zukunft der Nation jene Vortheile, die sie durch den Vertrag mit Eugen IV. erhalten haben, nicht mehr entzogen, oder vermindert würden. Es wurde sogar in Vorschlag gebracht, daß man dem neuen Pabste sich nicht ehender unterwerfen sollte, bis die Wünsche der Nation erfüllet seyen: wahrhaft ein deutlicher Beweis, daß die Stände zu Vernichtung jener mit dem Pabste Eugen IV. getroffenen Uebereinkunft, wodurch die baseler Dekrete eine gesätzliche Kraft in Deutschland erhalten, nie ihre Einwilligung gegeben (ss).

Schon

(ss) Müller in seinem R. T. Theatro unter Friderich V. Tom. 1. pag. 596. belehret uns aus Gopelino folgender Maßen: „Non pauci, qui Cæsari suase-
„rint, nunc tempus esse, coercendi apo-
„stolicam Sedem, ne tantum in Germa-
„nia posset: conventiones, quæ cum Eu-
„genio factæ fuerant, diminutas esse;
„nec prius obediendum Rom. Pontifici,
„quam ea concederet, quæ Natio germa-
„nica optaret; ancillam eam videri, li-
„bertatem aliquando mereri."

Schon im J. 1457, folglich kaum zehn Jahre nach den geschlossenen Konkordaten, muß man der römischen Bedrükkungen wieder sehr überdrüßig gewesen seyn. Denn damals wurden auf einem Reichstage zu Frankfurt über die Mittel, denselben zu begegnen, heftige Berathschlagungen gepflogen. Es wurde zur Berathung ausgesetzet: „Anne magis ex-
„pediat pro honore Principum, &
„Nationis, quod decreta conſtantienſ.
„& baſileenſ. Conciliorum, quæ ea
„gravamina contingunt, circa quæ
„magis neceſſarium fuerit providen-
„dum, absque modificatione, & ſim-
„pliciter, congruis tamen ordinatio-
„nibus, & proceſſibus repetantur, &
„innoventur, vel quod ordinationes
„intermediæ, de quibus in Aviſamen-
„tis ſupradictis cautum, & actum eſt,
„proſequantur, & continuentur; ſeu
„quod alia congrua & honeſta via Al-
„lemanniæ conſulatur."

Wie ist es wahrscheinlich, daß man bey versammeltem Reiche diese Sprache geführet hätte, wenn man sich bewußt gewesen wäre, daß der Vernichtung der baseler Dekreten durch einen giltigen Vertrag nachgegeben seye. Nur Schade, daß man die Advisata, deren hier Erwähnung geschieht, und die ich wenigstens noch nicht zu Gesicht bekommen konnte, nicht vorlegen kann; dadurch würde sicher noch mehreres Licht über die Sache verbreitet werden.

Auf dem rheinischen Konvent zu Koblenz klagte der damalige Klerus 1479 unter seinen vorgelegten Beschwerden §. 17. „Avocantur caussæ pendentes, & im„ponitur perpetuum silentium parti, „ea non audita; & denegantur Com„missiones caussarum in justitia." Ein abermaliger Beweis, daß man sich zu Befolgung der baseler Dekreten berechtiget hielte (tt).

In

(tt) Die Beschwerden finden sich bey Leibniz in seinem Codice dipl. Tom. I.

In dem Reichsabschiede von 1498. wurde eine Gesandschaft an den römischen Stul beschlossen, die darum bitten sollte, daß den Statuten und Privilegien der deutschen Kirche kein Abbruch geschehe, auch allen andern Beschwerden abgeholfen werde, welche der deutschen Nation von dem römischen Hofe begegnen. Jene Statuten und Privilegien der deutschen Kirche können keine andere bedeuten, als die, welche entweder die baseler Dekrete in sich enthalten, oder solche, die sich in jenen ursprünglichen Reichskonstitutionen gründen, wodurch die katholische Kirche in dem deutschen Staate das Bürgerrecht erhalten hat (uu).

In den auf dem Reichstage vom J. 1510 überreichten Beschwerden klagten die Stände: Caussae, quae in Germania, in qua & docti, & justi judices sunt, ad tribunalia romana indistincte trahuntur.— Hätte die Nation in die Aufhebung

---

(uu) Sieh in Möllers R. T. Theatro Tom. II. pag. 252.

hebung des baseler Dekrets de causis & appellationibus eingewilliget, so hätte sie keine Ursach gehabt, diese Klage zu führen.

§. 72.

Aus dem Zusammenhang dieser von der Nation zu so verschiedenen Zeiten, und bey jeder Gelegenheit auf eine reichs- konstitutionsmäßige Art an den Tag ge- legten Gesinnungen ergiebt sich offenbar, daß sie nie auf jene Vortheile Verzicht ge- than hat, welche durch die mit dem Pabst Eugen IV. getroffene Uebereinkunft er- rungen worden, und daß sie immer mit Nachdruck auf die Aufrechthaltung eines solchen Verhältnisses der deutschen Kirche zu dem römischen Stul gedrungen hat, welches entweder der von der deutschen Staatsgewalt gleich bey Aufnahme der kristlichen Kirche festgesetzten Bestimmung, oder doch wenigstens dem Geiste der base- ler Dekreten angemessen ist.

Wenn man die seltsamen Wendun- gen überdenket, mit denen sowohl der

Pabst

Pabst selbst, als die Legaten den verschiedenen Beschwerden der Nation auszuweichen suchten: so ist es in die Augen fallend, daß man sich nichts gutes bewußt ware. Wie laut, wie bestimmt würde man den Ständen erkläret haben, daß sie auf Abhelfung dieser Beschwerden keinen Anspruch machen könnten, wenn man ihnen einen zu Recht beständigen Vertrag hätte entgegen halten können, wodurch die mit dem Pabst Eugen IV. getroffene Uebereinkunft, und die Giltigkeit der baseler Dekreten auf eine rechtskräftige Art zernichtet worden.

VII. Kapitel.

Bedenklichkeiten, welche der Giltigkeit und fernern Fortdauer der aus den aschaffenburger Konkordaten für die Nation entstandenen Verbindlichkeiten entgegen stehen.

§. 73.

Wenn man auch zugeben wollte, daß die aschaffenburger Konkordaten als ein bloser Entschädigungs- und Vergütungs-

Ver=

Vertrag zu Gunsten des römischen Hofes zu betrachten sind, so ist auch schon in dieser Rücksicht darin mehr zugestanden worden, als sich mit der Nationalfreyheit, mit dem wahren Vortheile, und vielleicht selbst der Ruhe und der Aufnahme der deutschen Kirche verträget; und als die Nation, da sie konstitutionsmäßig zusammenwirkte, je Willens ware, nachzugeben. Es dörfte also wohl erlaubt seyn, zu prüfen: Ob dieser Vertrag auf eine Art zu Stande gekommen seye, daß er für die ganze Nachkommenschaft der Nation verbindlich werden, und den Regenten sowohl, als den National-Kirchenvorstehern dadurch für allezeit die Hände gebunden seyn sollten, die ihnen untergebene Unterthanen, und anvertraute Kirchen auf einen dem allgemeinen Endzweck der Kirchen, und Staaten angemessenen Weg zu leiten.

§. 74.

Die Handlungen eines jeden Volks können für die Nachkommenschaft nur

als-

alsdann verbindlich werden, wenn sie von jenen Personen geschehen, die das Recht haben, die Nation zu vertreten; und wenn sie unter jenen Feyerlichkeiten zu Stande kommen, welche die Grundverfassung einesjeden Staates erfordert, um eine rechtskräftige Nationalverbindlichkeit herfürzubringen. Wenn einzelne, und selbst angesehene Staatsmitglieder aus Rücksicht auf ihren Individualvortheil einer auswärtigen Macht, oder einem sonstigen Drittern etwas Verfängliches zugestehen, oder gewisse Rechte einräumen: so können sie sich zwar dadurch für ihre Person verbindlich machen; gegen die Nation, und den Staat überhaupt aber, und gegen eine ganze Nachkommenschaft kann auf solche Art keine Dienstbarkeit, noch sonstige nachtheilige Folge begründet werden.

§. 75.

Von den ältesten Zeiten her war es bey unserer Verfassung eingeführet, daß alle wichtige Staats- und Kirchenangele-

gen-

genheiten, bey öffentlich versammeltem Reichstag unter dem Vorsiz des allerhöchsten Reichsoberhauptes, und gemeinschaftlicher Berathung sämtlicher Ständen durch die Mehrheit der Stimmen zu Stande gebracht worden; und daß besonders Verträge mit Auswärtigen nicht anders zu ihrer rechtlichen Vollkommenheit gedeihen, und eine verbindliche Kraft erlangen können, als unter Beobachtung dieser Feyerlichkeiten (xx).

In Beziehung auf den gegenwärtigen Vertrag ist erwiesen, daß 1) einer der ersten Ständen, und Stüzen des Reichs, der Erzbischof von Mainz durch unerlaubte Bestechung seiner ersten Räthen ist irregeführet, und veranlasset worden, von der zum Beßten der Nation gefasten gemeinschaftlichen Entschliessung abzuweichen. Daß man 2) andere Stände und Kirchenvorsteher durch Ertheilung päbstl. Indulten über Dinge, wozu sie ohne dieß ein

Recht

(xx) Conf. STRUVII Corpus juris publ. pag. 912. & 1085.

Recht hatten, gegen die gemeinschaftliche Sache, und gegen das wahre Wohl der ihnen anvertrauten Nationalkirchen gleichgültig gemacht hat. Damals fande man es bey dem römischen Hofe räthlich, durch Befriedigung und Gewinnung der Erzbischöfen die Bischöfe zum Schweigen zu bringen: so wie man dermaln seinen Vortheil dabey findet, den Bischöfen Mißtrauen gegen die Erzbischöfe einzuflößen, und jene in Bewegung zu bringen, und diese in Vertheidigung der rechtmäßigen Nationalkirchenrechten zu behindern.

§. 76.

Der Vertrag wurde mit dem Kaiser in Wien geschlossen, zur Zeit, da in Aschaffenburg wenige, oder gar keine Stände mehr beysammen waren; wie er dann auch blos von dem Kaiser und dem Kardinal-Legaten unterschrieben ist. Wenigstens haben die Kurialisten, wenn sie sich auf diese Konkordaten, als auf einen die Nation für immer verbindenden Vertrag

be=

berufen wollen, die Verbindlichkeit auf sich, zu beweisen, daß bey öffentlicher Versammlung, und Berathung zu Aschaffenburg, oder auch bey einer nachherigen Versammlung die Stände durch Mehrheit der Stimmen in die durch diesen Vertrag dem römischen Hofe zuerkannte Vortheile eingewilliget haben. Selbst nach dem geistlichen Rechte, und nach den von den Päbsten vorgeschriebenen Rechtsregeln sollen alle Angelegenheiten eines Kapitels bey öffentlich versammeltem Kapitel vorgelegt, in Erwägung gezogen, und beschlossen werden (yy). Und hier ist zum Nachtheil der Rechten und Freyheiten so vieler deutschen Kapitel, und Kirchen so vieles abgethan worden, ohne daß weder bey dem einen, noch bey dem andern die Sache behörig zur Prüfung, und gemeinschaftlicher Berathung vorgelegt wurde. Es heißt ferner in dem geistlichen Gesätzbuche: „In negotiis jura singulorum concer-

„nen-

(yy) Capitul. IV. extra de his, quæ fiunt a majori parte Capituli.

„nentibus unanimia suffragia deside„rantur." In dem in Frage befangenen Vertrage wurde über die einzelnen und besondern Rechte einer jeden deutschen Kirche disponiret: und doch sollten hier Kunstgriffe der Art, welche damals die römische Legaten benutzten, zum Nachtheil der Nation rechtliche Folgen wirken, und durch eine solche Ueberraschung sollte die ganze Nachkommenschaft der Nation für allezeit gebunden bleiben.

Dadurch, daß verschiedene deutsche Kirchenvorsteher die Konkordaten nach und nach angenommen, und in ihren Kirchenbezirken sich darnach benommen, dadurch konnten dieselbige wohl für ihre Person, und für die Zeit ihrer Regierung sich verbindlich machen; daß aber dadurch eine wahre Nationalverbindlichkeit für die ganze Nachkommenschaft begründet worden, welche die oberste Staatsgewalt, wenn sie nach der Reichsgrundverfassung zusammen wirket, beschränken könnte, Nachtheil von der Nation abzuwenden,

K und

und zum Beßten des Staates angemessene Verfügungen zu treffen; davon kann ich mich bey Erwägung der oben angeführten allgemeinen Staatsrechtssätzen, bey Erwägung der einschlagenden Reichskonstitutionen, und selbst der Kirchengesätzen unmöglich überzeugen.

§. 77.

Wenn ich auch einen Augenblick annehmen wollte, daß durch die aschaffenburger Konkordaten alle Vortheile, welche die Nation durch die mit dem Pabst Eugen IV. getroffene Uebereinkunft erhalten hat, zernichtet seyen; wenn auch die aschaffenburger Konkordaten mit jener Redlichkeit, und unter jenen Feyerlichkeiten zu Stande gekommen wären, unter welchen die Nation auf eine rechtskräftige Art für die ganze Zukunft verbindlich werden kann: so ist doch noch nicht erwiesen, wie das Recht des römischen Stuls nicht blos nach der Natur des göttlichen Primats über die deutschen Bischöfe, sondern mitten,

ten, und zwischen den Kirchenbezirken der selben, durch italienische Nuntien mit Fakultäten eine willkührliche Gewalt auszuüben begründet werde. In den aschaffenburger Konkordaten ist diese Befugniß dem Pabst nicht zugestanden.

§. 78.

Das, was zur Zeit, wo die Nation durch eine ganze Sammlung falscher Kirchensatzungen irre geführet, und der wahre Geist der Kirchenverfassung umgekehrt wurde, von einzelnen Staatsgliedern, einzelnen Kirchenvorstehern unternommen, und zugestanden worden, kann nicht als ein vollgiltiger Rechtsgrund zum Behufe der röm. Legaten angeführt werden, ja selbst alsdann könnte kein vollkommenes Recht für die ganze Zukunft zu Beschränkung der obersten Staatsgewalt darauf gegründet werden, wenn selbst eine solche Befugniß in der Unterstellung, daß die damals herrschend gewordene Kirchensatzungen ächt seyen, auf eine reichskonstituti-

unsonsmäßige Art wäre verwilliget worden, welches ich unten noch näher darzuthun mich bemühen werde.

VIII. Kapitel.
Nähere Beleuchtung jenes Verschuldens, welches wegen zu Stande gebrachten westphälischen Frieden der Nation zu Last gesetzet werden will.

§. 79.

Der Hr Verfasser jener Beantwortung kann nicht begreiffen, wie man nach Errichtung des westphälischen Friedens von Seiten der Nation sich noch mit einigem Rechtsgrunde auf die eigentliche Fürstenkonkordaten berufen könne; und ich kann nicht einsehen, wie man wenigstens dem katholischen Deutschlande die Errichtung des westphälischen Friedens als ein vertragswidriges Unternehmen anrechnen kann.

§. 80.

Es ist nicht möglich, daß der Beherrscher eines kristlichen Staates sich mit

meh=

mehrerem Eifer, und mit größerm Nachdrucke verwende, um die Einigkeit des Glaubens zu erhalten, als von Karl V. und Ferdinand I. bey den damaligen Religions-Irrungen geschehen ist. Wie dringend, wie unabläßig waren nicht ihre Vorstellungen bey dem päbstlichen Stule, um zu Abwendung jener Gefahr, welche damals die Kirche so augenscheinlich bedrohete, die wirksamsten, und angemessensten Mittel zu ergreifen. Wie saumselig erwiese man sich nicht von Seiten des römischen Hofes, zu rechter Zeit, wie solches noch von gedeihlichem Erfolge hätte seyn können, zur Prüfung der neuen Lehrsätzen, und zu Erhaltung der Kirchengemeinschaft ein allgemeines Konzilium zusammen zu berufen.

Wie oft wurden diesfalls die nachdrucksamste Vorstellungen, die heilsamste Erinnerungen, und inständigste Bitten von den damaligen Beherrschern Deutschlandes vergeblich angebracht! Wie entfernt zeigte man sich nicht, durch eine so nothwendig

K 3 gewor-

gewordene Reformation in Haupte, und Gliedern jene in der Kirchenverfassung herrschend gewordene Mißbräuche abzuschaffen, die vielleicht die Hauptveranlassung dieser großen Revolution gewesen sind, wenigstens den Anhängern der neuen Lehre zur scheinbarsten Rechtfertigung dienten. Wie sehr suchte man nicht alle diesfalls in Vorschlag gebrachte Auskunftsmittel zu erschwehren.

§. 81.

Daß ein Theil der deutschen Ständen sich öffentlich zu den neuen Lehrsätzen bekennte, und sich eigenmächtig von der Gemeinschaft der Kirche trennte, daran sind doch wohl jene nicht Schuld, welche ihrer alten Kirchenverbindung treu geblieben sind. Daß endlich die Staatsgewalt um jenen fürchterlichen Unruhen von innen, und von aussen, wodurch das liebe Vaterland zerrüttet, und alles verheeret wurde, ein Ende zu machen, und um das Bürgerblut nicht noch länger fließen zu lassen,

laſſen, ſich nothgebrungen ſahe, den Bekennern der neuen Lehre, und den daraus entſtandenen neuen Kirchengeſellſchaften gleiche Rechte, und Vorzüge mit jenen zu verwilligen, die bey der urſprünglichen Kirchenvereinigung ſtandhaft aushielten; dieß kann doch wohl den letztern nicht zum Verbrechen angerechnet werden. Und daß nachher die Anhänger der neuen Lehre in jenen Kirchen und geiſtlichen Beſitzungen, die ihrer Hoheit, und ihren Eigenthümern unterworfen waren, auch nach den Grundſätzen ihrer neuen Kirchenverfaſſung Einrichtungen getroffen haben; dieß iſt noch weniger die Schuld jener, die aller Kränkungen und Beſchwerden ungeachtet, die ſie ſeit Jahrhunderten ertragen muſten, und ohne Rückſicht aller häufigen Bedrückungen, die durch die päbſtliche Legaten beſtändig erneuert wurden, dennoch nie aufgehört haben, dem heil. Vater den ſchuldigen Gehorſam zu erweiſen.

§. 82.

§. 82.

Noch unbegreiflicher ist, wie daraus zu Begründung der päbstlichen Nuntiaturgerichtsbarkeit etwas Günstiges gefolgert werden könne; wie soll die Nation durch Errichtung des westphälischen Friedens des Rechts verlustiget seyn, sich ferner auf die Fürstenkonkordaten zu berufen? Sollen die Fürstenkonkordaten nicht mehr zu Recht bestehen; so können die aschaffenburger Konkordaten eben so wenig als giltig und verbindlich betrachtet werden; dann diese sind mit dem Pabste nur errichtet worden, um demselben einige Vergütung zu verwilligen, wegen jenen Vortheilen, welche der Nation durch Einführung der baseler Dekreten zugegangen sind. Soll die Nation durch Begünstigung des römischen Hofes bey ihrer Kirchenverfassung keine Erleichterung empfinden: so ist sie auch zur Vergütung, zur Entschädigung das nicht mehr zu bewilligen verbunden, was dem Pabst blos in dieser Rücksicht zugestanden wurde.

§. 83.

Davon wäre die erste rechtliche Folge, daß die Acceptation der baseler Dekreten ohne alle Einschränkung als ein Grundgesätz der Nation aufrecht bestehen müste, daß gemäß des damaligen Fürstenbundes die Stände gemeinschaftlich zusammen stehen, und nicht von einander scheiden könnten, bis die Irrungen mit dem päbstlichen Stule gütlich beygelegt seyen.

Daß aber auch von daher nichts verfüget, nichts vorgenommen werden könnte, welches dem Inhalte der baseler Dekreten, als einem förmlichen Nationalkirchengesätze entgegen seye. Und was nach diesem Verhältnisse für weitere Folgen sich ergeben, dieß überlasse ich dem Hrn Vertheidigern der Nuntiaturgerichtsbarkeit unter Hinsicht auf die Geschichte der damaligen Zeiten selbst zu bedenken.

§. 84.

Sollten aber die baseler Dekreten auch unter dieser Gestalt nicht mehr als verbindbindlich angesehen werden wollen: so muß die Sache in jenen Stand zurückgesetzet werden, worinn sie zur Zeit des konstanzer Konziliums gewesen ist. Damals wurde mit dem Pabste Martin V. die Vereinigung dahin getroffen, daß jene Sachen, die ihrer Natur, und den Rechten gemäß nach Rom nicht gehörten, auch nicht dahin gezogen werden sollten (zz). Was nicht nach der wahren Eigenschaft der katholischen Kirchenverfassung, und nicht nach ächten kanonischen Satzungen zur unmittelbaren Erkenntniß des päbstl. Stuls geeigenschaftet ist; dieß könnte auch in solchem Verhältnisse nicht dahin gezogen, folglich noch weniger einer Nuntiaturgerichtsbarkeit übergeben werden. Und wenn man die Bestimmung nach ächten kanonischen Satzungen vornehmen sollte, was würde wohl für päbstliche Nuntiaturgerichte zur rechtlichen Erkenntniß übrig bleiben?

§. 85.

(zz) Sieh Mosers Staatsrecht I. Theil. S. 362.

§. 85.

Nun kömmt aber noch in Betrachtung, daß die Giltigkeit dieser mit dem Pabste Martin V. geschlossenen Konkordaten nur auf fünf Jahre festgesetzet wurde, und daß einer jeden Kirche und Person die Freyheit vorbehalten wurde, ungeachtet aller Kanzleyregeln, die schon damals gemacht waren, und nachher gemacht werden konnten, nach Verlauf dieser fünf Jahren alle ihre Rechte zu gebrauchen. Die Nation wäre also ohne Anstand befugt, wenn es nach der damaligen Lage der Sache gehalten werden soll, sich jener Freyheiten zu bedienen, und jenes Verhältniß mit dem römischen Stule festzusetzen, welches durch die von dem heil. Vater selbst anempfohlene Kirchensatzungen, und durch die von der Staatsgewalt bey Aufnahme der Kirche erlassene Vorschrift begründet wurde; und so käme man freylich zu den rechten Quellen. Also wieder kein Trost für die Vertheidiger

päbst

päbstlicher Nuntiaturgerichten; und ich wüste nicht, wo eine rechtliche Verfügung, eine verbindliche Einwilligung der Nation zu Gunsten der Nuntien mit Fakultäten, in jenem Sinne, wie sie dermaln der Gegenstand des Streites sind, herzunehmen wäre.

IX. Kapitel.

Widerlegung jener Gründen, welche der Beantworter zu Bestärkung seiner aufgestellten Sätzen aus dem tridentinischen Kirchenrath angeführet hat.

§. 86.

Nun führt mich die Zeitordnung, jenen Gründen zu begegnen, die der Beantworter zum Behufe der päbstlichen Nuntiaturgerichtbarkeit aus den Satzungen des tridentinischen Konziliums anzuführen für gut befunden hat.

Als Katholik muß ich für ausgemacht anerkennen, daß alle Mitglieder der katholischen Kirche, und alle Nationen an jene Verordnungen gebunden sind, die auf

einem

einem rechtmäßig versammelten General-
konzilium in Glaubenssachen über Gegenstände, welche den Gottesdienst, Kirchengebräuche, und die Verrichtungen der
Priester betreffen, zu Stande kommen.
Ob aber jede Staatsgewalt sich nach jenen Verfügungen zu benehmen genöthiget
seye, welche bey solchen Versammlungen
zu Gunsten der obersten Kirchengewalt in
Ansehung jener Rechten und Verbindlichkeiten gemacht worden, die den Kirchenvorstehern, und Geistlichen, als Staatsbürgern, als Besitzern gewisser von dem
Staate ihnen überlassenen zeitlichen Rechten, Besitzungen, und Gefällen zukommen; ob die Nationalgewalt, die der Kirche als ein besonderes Privilegium überlassene Gerichtbarkeit grade auf eben die Art
müße ausüben lassen; wie solches von
dergleichen Kirchenversammlungen ohne
alle Rücksicht auf die besondere National-
verhältnisse, auf die Nationalwohlfahrt,
und Nothdurft ist bestimmt worden, dieß
ist wenigstens nach meiner geringen Einsicht,

sicht, mit den von dem Schöpfer selbst so tief in das Herz gelegten allgemeinen Rechten der Menschheit nicht vereinbarlich.

§. 87.

Mit dem Concilio Tridentino hat es noch die besondere Beschaffenheit, daß die von den deutschen Regenten dahin abgeordneten Gesandte den Auftrag hatten, auf eine Reformation zwischen Haupt und Gliedern in der Kirche, auf eine Abstellung der Kirchengebrechen, und auf Mittel, zu Abwendung der vorgeschwebten Kirchenspaltung anzutragen. Wie wenig ihnen ist Gehör gegeben worden, wie sehr die Abstellung der Kirchengebrechen von den päbstlichen Legaten in allem Betracht ist erschwehret worden, davon liefert uns die Geschichte des tridentinischen Kirchenraths den traurigsten Beweis. Sie hatten keine Vollmacht, zu Begründung neuer Gerechtsamen für die päbstliche Legaten sich in Berathschlagung einzulassen: ein Stück, das so unumgänglich nothwendig ist, wenn

in

in Ansehung der Kirchenverfassung Verfügungen sollen getroffen werden, die auf
den Zustand der einzelnen Nationen, und
ihre Verfassung sich beziehen. Man hat
bey den allgemeinen Kirchenversammlungen zu Konstanz und zu Basel mit so heilsamem Erfolg beobachtet, daß bey der allgemeinen Versammlung die Stimmen,
nachdem vorhero die Bischöfe einer jeden
Nation sich hierüber berathschlaget hatten, nur curiatim nach der Ordnung der
Nationen abgelegt wurden. Dieß wurde
zu Trient auf Veranlassung der päbstlichen
Nuntien erschwehret, und endlich gar aufser Acht gelassen: dagegen mit italienischer
Verschlagenheit die Einleitung dahin getroffen, daß bey den italienischen Bischöfen, die sich ganz nach dem Sinne der
päbstlichen Legaten richten musten, immer
die Mehrheit der Stimmen beruhete. Wie
konnte von einer solchen Versammlung,
besonders, da die meisten deutschen Bischöfe, weil sie einsahen, daß den wohlgemeinten Absichten des deutschen Regenten

ten immer entgegen gearbeitet wurde, wieder abgegangen waren, und am Ende deren nur wenige bey der Versammlung geblieben sind; wie konnten, sage ich, von einer solchen Versammlung von Kirchenvorstehern zum Nachtheil der deutschen Nation Verbindlichkeiten begründet werden; wie konnten die Verträge und Freyheiten der deutschen Nation, wodurch ihr Verhältniß zu dem römischen Hofe auf eine rechtmäßige Art bestimmt ist, vernichtet werden, oder wie konnte denselben nur der mindeste Abbruch geschehen? Es ist also kein Wunder, daß die katholische deutsche Fürsten das Konzilium von Trient nur in Glaubenssachen angenommen, in Betreff der übrigen Gegenständen aber die Annahme geweigert haben (aaa). Ein gleiches that der Kardinal Lotharingius im Namen der französischen Nation (bbb).

§. 88.

(aaa) Vid. LADERCHIUS ad. an. 1566. nro. 245. HORIX de fontibus juris can. germ. §. 42.
(bbb) Vid. NAT. ALEXANDER Historiæ ecclesiasticæ Tom. VIII. Dissert. 12. artic. 13.

§. 88.

In dem Concilio Tridentino sind indessen zwo Hauptentscheidungen zu Stande gekommen, woraus sich in Beziehung auf die gegenwärtige Rechtsfrage gegen die Nuntiaturgerichtsbarkeit sehr vieles folgern läßt.

I.) Wurden die Bischöfe (wie schon in den konstanzer und baseler Dekreten einmal geschehen ware) in ihre wahre Rechte, die ihnen nach dem Geiste Christi, und der Kirchenverfassung zukommen, wieder eingesetzet; nach diesen ist kein Bischof verbanden, in dem ihm einmal anvertrauten deutschen Kirchenbezirke noch einen italienischen Bischof neben sich zu dulten. Nach dem Geiste der hierarchischen Kirchenordnung kann die oberste Gewalt in den einzelnen Kreisen nicht eintreten, solange die den Vorstehern derselben anvertraute Gewalt nach ihrer Natur noch zu wirken hat, und derjenige, dem sie anvertraut ist, zu wirken nicht unterläßt.

Es

Es ist ferner nach dem eigenen Bekenntniß des Beantworters in dem nämlichen Kirchenrathe, und zwar Sess. 25. Cap. 10. beschlossen worden, daß geistliche Rechtssachen in oberster Instanz nur durch Judices in partibus entschieden werden sollen.

§. 89.

Davon, daß dem päbstlichen Stule unmittelbar verschiedene Fälle zur Erkenntniß sind überlassen worden, folgern wollen, daß er auch berechtiget seye, solche der Gerichtsbarkeit italienischer Nuntien zu übergeben; diesen Schluß finde mit gütiger Erlaubniß zu übereilt.

Jedes Corpus, dem eine Gerichtsbarkeit überlassen ist, hat schon die natürliche Pflicht auf sich, solche auf eine Art auszuüben, daß sie dem Staate nicht lästig, und für diejenige, die dieser Gerichtsbarkeit untergeordnet sind, keine Bedrükkung werde; kurz, daß die Gerechtigkeit erleichtert, und nicht erschwehret werde. Geschieht das Gegentheil; so wäre schon
aus

aus dieser Ursache der Staat berechtiget, die Gerichtsbarkeit wieder an sich zu ziehen, oder wenigstens bey Ausübung derselben Ziel und Maß vorzuschreiben; da sie ein Ausfluß der obersten Staatsgewalt ist, folglich derselben immer untergeordnet bleibt.

§. 90.

Das einzige und zuverläßigste Mittel, die Gerichtsbarkeit zweckmäßig auszuüben, ist, daß zu Verwaltung des Richteramtes geprüfte Männer aufgestellet werden, welche der Nationalsprachen, Rechten, Sitten und Gewohnheiten, die in jenem Bezirke eingeführet sind, wo der Gerichtszwang zugestanden worden, vollkommen kündig sind.

Die Kirche, welcher zum Beßten der Staaten, und zur Ruhe der Menschen mitzuwirken, die heilige Pflicht obliegt, hat auch dießfalls die Verbindlichkeit einer noch größern Sorgfalt auf sich; dadurch, daß die deutsche Nation aus Ehrerbietung gegen das höchste Kirchenoberhaupt,

haupt, das dermalen zu Rom seinen Sitz hat, demselben auch die oberstrichterliche Erkenntniß in gewissen Fällen überlassen hat, folget noch nicht, daß diese Nation, die sonst bey allen Fällen so streng darauf gehalten hat, daß sie nur von ihres gleichen gerichtet werde, auch zugegeben habe, daß italienische Rechtsgelehrte in Deutschland geschickt würden, um in Ansehung solcher Rechte, und Verbindlichkeiten, die in Deutschland begründet worden, in Ansehung solcher Besitzungen, die im deutschen Reiche gelegen sind, und die aus Andacht, und Wohlthätigkeit deutscher Einwohner nur der deutschen Kirche überlassen worden, Recht zu sprechen. Diese Folgerung kann um so weniger Platz finden, da jene Privilegien und Freyheiten, welche soweit von der natürlichen Ordnung des Staates abweichen, wie jenes ist, wodurch der Kirche, und selbst ihrem ausser dem Staate befindlichen Oberhaupt eine eigene Gerichtsbarkeit zugestanden wurde, nur im engsten Verstande erkläret werden müßen.

§. 91.

Es wäre möglich, daß ein freyes Volk den Beherrscher auswärtiger Staaten unter Beybehaltung seiner innern National-Einrichtung zu seinem höchsten Oberhaupt wählte, wie wir den Fall in dem Reiche gewisser Maßen unter Karl V. hatten: wer könnte hier für ein solches Volk zugleich die Verbindlichkeit folgern, ihre innere Nationalangelegenheiten entweder bey auswärtigen Gerichtsstellen, oder durch Abgeordnete aus einer ganz fremden, von dem nämlichen höchsten Oberhaupt zwar beherrschten Nation beurtheilen, und mitten in den Nationalgerichtsbezirken eine Art von Gewalt ausüben zu lassen.

§. 92.

Ihre kaiserl. Majestät sind das rechtmäßige Oberhaupt des ganzen deutschen Reichs; Sie haben den gegründesten Anspruch auf die oberste Gerichtsbarkeit über alle Staatsmitglieder. Wenn Sie nun durch böhmische, oder brabäntische Rechtsgelehrtgelehrte in Deutschland mitten in den reichskonstitutionsmäßigen Gerichtsbezirken Richterstüle errichten wollten, um daselbst deutsche Rechtsangelegenheiten deutscher Staatsbewohner beurtheilen zu lassen: wie bald würden die lebhaftesten Beschwerden, und zwar mit Grund, dagegen erreget werden: ja wenn Sie nur ausser den bestehenden, und anerkannten höchsten Reichsgerichten noch mehrere willkührliche kaiserl. Gerichte aufschlagen wollten, welches doch der Natur des Staatsverhältnisses nicht so sehr entgegen ist, als die oberste Gerichtsbarkeit einer auswärtigen Macht: wie viele Widersprüche würden dadurch von allen Seiten in Bewegung gebracht werden. Und doch ist die oberste Gerichtsbarkeit Ihrer kaiserl. Majestät nicht in einem zuerkannten Privilegium, welches eine Ausnahme von der Regel macht, sondern in der Natur ihrer obersten Regentengewalt selbst, und in der Grundverfassung unsers Reichs gegründet.

§. 93

§. 93.

Daß die verordneten Synodalgerichte, in Deutschland nicht zu Stande gekommen, davon trägt man (wie bereits in andern Schriften dargethan wurde) päbstlicher Seits allein die Schuld; und wenn erprobet werden kann, daß die deutschen Erz-und Bischöfe hierinn eine Obliegenheit ausser Acht gelassen haben, wozu sie nach ächten Kirchensatzungen verpflichtet waren: so berechtiget dieses die oberste Staatsgewalt, auf Anrufen jener, die dadurch gekränket werden, die deutschen Kirchenvorsteher zu Erfüllung solcher Obliegenheiten aufzurufen; es ermächtiget den obersten Kirchenvorsteher, von den deutschen Bischöfen solche Vorkehrungen zu verlangen, wodurch er in den Stand gesetzet werde, auf die nach ächten Gesätzen vorgeschriebene, mit dem wahren Wohl der Nation vereinbarliche Art seine oberstrichterliche Gewalt auszuüben, ohne daß er deswegen befugt seye, mitten in dem Staate eine

Art von Gerichtsbarkeit einzuführen, welche die deutsche Kirchengewalt in ihrem natürlichen, und grundgesätzmäßigen Wirkungskreise, wo nicht gänzlich zernichtet, doch merklich beschränket, und wodurch die Kirchenordnung überhaupt zerstöhret wird.

§. 94.

Meines geringen Erachtens wird eben so wenig etwas Heilsames für die Einführung der Nuntiaturgerichtsbarkeit, gegen die Nation dadurch begründet, daß in den Konzilien-Schlüssen von Trient gewisse Sachen, welche nach kanonischen Verordnungen, die man damals für ächt hielte, vor den römischen Stul gehören, auch unmittelbar vor demselben erörtert werden sollen. Die deutsche sowohl, als jede Nationalkirche kann sich nicht entschlagen, in alljenen Fällen, die nach ächten kanonischen Sazungen der unmittelbaren Erkenntniß des päbstlichen Stuls vorbehalten sind, sich auch demselben zu unterwerfen,

sen, in so lange allgemeine Verbindung, wodurch die Einigkeit der katholischen Kirche erhalten wird, nicht getrennt, und jene enge Bande, worinn alle Nationalkirchen zu ihrem gemeinschaftlichen Kirchenoberhaupte sich verhalten, nicht gänzlich aufgelöset werden sollen. Dagegen kömt aber in rechtliche Betrachtung, daß, so wie alle gesätzliche Vorschriften, also auch die Kirchensatzungen lediglich nach der wahren Veranlassung, und eigentlichen Absicht der Gesätzgeber zu erklären sind.

§. 95.

Die Veranlassung der Erkenntnisse des römischen Hofes gewisse Sachen unmittelbar vorzubehalten, war sicher keine andere, als der Inhalt jener angeblichen Kirchensatzungen: und die Befolgung ächter kanonischer Vorschriften, dieses war gewiß der einzige Endzweck, den diese Kirchenversammlung durch jene Verordnung zu erzielen suchte. Alle Satzungen, die nach den in den neuern Zeiten gemachten

Ent-

Entdeckungen nicht für ächt kanonisch zu halten sind, können demnach eben so wenig für den römischen Stul ein Recht, als für die Nation eine Verbindlichkeit begründen. Es kann die Vermuthung unmöglich Platz haben, daß die Kirchenväter, wenn sie von jenen Satzungen, die sie für kanonisch hielten, das Falsche damals eingesehen hätten, die darinn bestimmten Sachen zu unmittelbarer Behandlung bey dem römischen Hofe ausgesetzet hätten. Wenn nach einem solchen der Natur der Sache, und den wahren Grundsätzen allein angemessenen Maßstabe die tridentinischen Kirchensatzungen erwogen, und die Gränzen der Gerichtsbarkeit des röm. Stuls in Ansehung der deutschen Kirche geprüfet werden; so würde durch das Resultat ein überwiegender Vortheil für die Nationalkirchenfreyheit herauskommen.

§. 96.

Daß unter einem solchen Hauptirrthum, welchen diese Sammlungen falscher

Kirchensatzungen veranlaßten, die ganze Nachkommenschaft leiden sollte; daß die Beherrscher der Staaten dadurch für immer beschränket blieben, die ihrer Obsorge anvertraute Kirche, und ihre Staatsuntergebene wieder auf den rechten Weg zu leiten: dieß sind Behauptungen, die sich nach meiner Einsicht weder nach göttlichen noch nach menschlichen Gesätzen rechtfertigen lassen. Daß aber ein Nationalbischof befugt seye, denjenigen aus seinem Kirchenbezirke zu entfernen, der gegen die ächte kanonische Kirchensatzungen eine neue Kirchengewalt einführen, und eine Gattung von Gerichtsbarkeit ausüben will, die jene Gewalt beschränket, die nach dem wahren Geiste der Kirchenhierarchie das ihm anvertraute Kirchenamt mit sich bringt.

§. 97.

Das ferner jeder Landesfürst eben so berechtiget, als verpflichtet seye, denjenigen, der zu seinem und der Seinigen Nachtheil, oder auch zu Bekränkung eines Drittern

tern eine Gewalt, und ein Ansehen sich
anmaſſet, wozu ihn weder die deutſche
Staats- noch Kirchenverfaſſung überhaupt, noch eine einzelne Reichskonſtitu-
tion, oder Kirchenſatzung berechtiget, von
ſeinem Landesbezirke zu entfernen: dieß
ſind Wahrheiten, die nach unſerm deutſchen Staats- und Kirchenverhältniſſe die
ſtrengſte Prüfung um ſo ſicherer aushalten
werden, als die oben angeführte Stelle
aus den Capitularibus Regum Franco-
rum, de alienis judicibus non recipiendis, & peregrina judicia vel examina reſpuenda, ihre vollkommene An-
wendung findet.

Ich muß alſo wahrhaft den Verfaſſer der Beantwortung bitten, den Satz,
den er ſo ganz unbeſchränkt dahin ſchrieb,
daß das, was der Pabſt zuvor nach iſido-
riſchen Grundſätzen that, derſelbe nun aus
Recht thue; nochmals ſelbſt zu prüfen,
und dabey ſeine eigene innere Empfindung
und Beurtheilung zu Rath zu ziehen. Die
übrigen Sätze, welche der Beantworter
aus

aus den tridentinischen Kirchenschlüssen zu seinem Behufe zu erheben sich bemühete, kann ich hier übergehen, weil sie schon in andern Schriften ihre Abfertigung erhalten haben. Judices in partibus zu Entscheidung der Sachen in der dritten Instanz müßen nach Maßgabe des Konziliums von Basel von den Synoden gewählt, oder wenn diese nicht beysammen sind, von den Bischöfen mit Beyrath der Domkapiteln vorgeschlagen werden; der Pabst kann also seine Nuntien nicht als Judices in partibus aufstellen. Würde den Nuntien, die zu Zeiten des Konziliums von Trient keine ständige Nuntien waren, von dieser Kirchenversammlung überlassen, die Sachen den Judicibus in partibus zu kommittiren, so wäre dieses auf die jetzige ständige Nuntiaturen nicht anwendbar, und der Unterschied zwischen selbst sprechen, und andern zu sprechen auftragen noch immer groß. Doch das Konzilium von Trient kann hierinn die deutsche Nation nicht verbinden, wie bereits oben erwiesen ist. X. Ka-

X. Kapitel.

Geschichte des 14ten Artikels der kaiserlichen Wahlkapitulation, nebst Darstellung der rechtlichen Resultaten, die sich gegen die Nuntiaturgerichtsbarkeit daraus ergeben.

§. 98.

Der Beantworter des kurkölnischen Promemoria verlanget, wenn ich ihn anders recht verstehe, daß die Geschichte der Wahlkapitulationen hätte sollen eingesehen, und ihre Veranlassungen im Zusammenhange bemerket werden. Er beschuldiget den Hrn Verfasser des Promemoria, dieses unterlassen zu haben; er stellte selbst einige Vergleichung an, und glaubt dadurch andere Resultate zu finden, als jene sind, die der Verfasser des Promemoria herausgebracht hat. Ich will es unternehmen, diese Veranlassungen in ihrem chronologischen Zusammenhange vorzulegen: der Erfolg wird uns lehren, in wie weit die Behauptungen des gegentheiligen Schriftstellers gegründet sind. Zum voraus muß ich aber das Schicksal der von der deutſchen Nation zu ſo verſchiedenen Zeiten, und bey ſo verſchiedenen Gelegenheiten geführten Beſchwerden in einem eben ſo genauen Zuſammenhang erwägen; weil zu Abwendung dieſer Beſchwerden die bewuſte Stellen in die Wahlkapitulation eingerücket worden, und dieſe Nationalklagen eben die eigentliche Veranlaſſungen jener Stellen ſind.

§. 99.

Die zehn Beſchwerden der deutſchen Nation, darinn es heißt: Cauſſæ, quæ in Germania, in qua etiam docti & juſti judices ſunt, terminari poterant, ad tribunalia romana indiſtincte trahuntur; wurden im J. 1510 nebſt einem Vorſchlag über die Mittel, denſelben abzuhelfen, dem Kaiſer Maximilian überreichet; und da auf dem in dieſer Zwiſchenzeit vorgeweſenen Concilio Lateranenſi keine Rückſicht darauf genommen wurde, ſo ſind ſolche im J. 1518 auf dem Reichstage zu Augsburg abermals vorgelegt worden. Im

Im J. 1519 wurde Kaiser Karl V erwählet, und zugleich die erste Wahlkapitulation errichtet. Bey dem damaligen Wahlkonvent fande sich keine Gelegenheit über die Beschwerden der Nation gegen den römischen Stul eine zusammenhangende Berathschlagung anzustellen; doch hat unter jenen Punkten, die Kaiser Karl V. zur Obliegenheit gemacht werden sollten, die Nation §. 20. festgesetzet:

„Und dieweil viel Ding geschehn „seyn zu Rom wider die Vereinigung, so „vor Zeiten mit den Päbsten ufgerichtet „worden, soll Er bey dem Pabst anhalten, „daß man mit des Reichs-Privilegien und „Freyheiten recht umgehe." (ccc).

Hier muß ich schon voraus zu bedenken anheimstellen: Ob durch die Worte: Reichsprivilegien und Freyheiten hier was anders gedacht werden kann, als das besondere Verhältniß der Nation zu dem römischen Stul; die gesätz- und vertragsmäßige

---

(ccc) Sieh in Goldast politischen Rechtshändeln S. 240.

mäßige Beschränkung der päbstlichen Gerichtsbarkeit im deutschen Reiche, worüber nach Ausweis der ältern theils schon oben angeführten Reichstagshandlungen so bittere und laute Klagen geführet wurden.

§. 100.

Auf dem Reichstage zu Worms, der im J. 1521. von Karl V. gehalten worden, haben die Stände die nämliche oben angeführte zehn Beschwerden vorgelegt; es wurde aber nichts verfüget; dagegen in dem Reichsabschiede zu Nürnberg vom J. 1522. beschlossen, daß die Stände ihre angebrachte Beschwerden durch verständige Personen nochmals möchten durchgehen lassen, um solche nach Beschaffenheit der eintretenden Umständen entweder zu mindern, oder zu mehren. In diesem Zeitpunkte kamen verschiedene Beschwerden zum Vorschein: in einem von den Ständen überreichten Bedenken heißt es unter andern:

„Zu Vermeidung der überflüßigen Be-
M   „mühung

„mühung der Theil, und Parthien, wie
„jetzo leyder viel zu gemein sind, auch die
„Unkosten der hangenden irrigen Sachen
„soll aufgesetzet werden, daß hinführ nie=
„mand möge, oder soll sich von des Ordi=
„narien Gericht zu jemand andern wen=
„den; auch nicht ohne Mittel, und mit
„Ueberhüpfung, und noch vor Endurthei=
„le appelliren; und niemand von wegen
„eines geistlichen Lehens, oder auf welt=
„lichen Sachen anderstwohin, dann vor
„seinen ordentlichen Richter gezogen, und
„gefordert werden." (ddd).

Noch deutlicher wird der traurige Zu=
stand, und ihre gerechte Veranlassung zu
Beschwerden durch folgende Stelle an den
Tag gelegt:

„Es sein auch nicht geringe Mengel
„zu Wormbs keys. Mayest. schriftlich an=
„gezeigt, wie Bäbstliche Heyligkeit, auch
„derselben Prelaten, und Anhenger in, und
„ausser=

(ddd) Die Stelle befindet sich bey Goldast
a. a. O. S. 960. in der frankfurter Edition
von 1614. in einem von den Ständen da=
mals überreichten Bedenken.

„ausserhalb deutscher Nation d. R. Reich
„und desselben Underthanen vielfeltiglich
„wider Billigkeit, und Ihre Vermügen
„beschweren; darauff auch bisher nichts
„verfenkliches gehandelt; ist der Graffen,
„Hrn., und Ritterschafft Bitt, als der.
„Jehnen die auch gemeinen Nutz deutscher
„Nation zu fürdern schuldig, das man
„jetzo hie dieselben berathschlage, und zum
„Theil abstelle, oder in leidliche Besserung
„bringe."

§. 101.

Aus jenen oben angeführten, zuletzt auf dem Reichstage zu Wormbs im Jahr 1521 von der Nation angebrachten Klagen, und diesen verschiedenen nach und nach zum Vorschein gekommenen Beschwerden wurden nun nach der Vorschrift des Nürnberger Reichstags vom J. 1522 jene hundert Beschwerden zusammen getragen, welche gelegenheitlich der Nürnberger Reichstagsversammlung im J. 1524 den päbstlichen legaten vorgelegt werden wollten. Da aber diese sich eben deswegen schnel

schnel entfernten; so hat man solche unmittelbar nach Rom geschickt. Und weil endlich alles dieses nichts früchtete; so ist auf dem Reichstage zu Nürnberg vom J. 1524 beschlossen worden, bey künftiger Reichsversammlung über die Mittel sich zu berathen, wie diesen Beschwerden am Beßten abgeholfen werden könne.

§. 102.

Diesem zu Folge sind die Beschwerden der Nation auf dem Reichstage zu Augsburg im J. 1530 wiederholter vorgebracht worden; und weil die anwesend gewesene päbstliche Legaten sich abermals hierauf nicht einlassen wollten, unter dem Vorwande, daß sie keine Instruktion hätten; so haben es Jhro kaiserl. Majestät selbst übernommen, bey dem päbstlichen Stule die Einleitung zu treffen, damit diese vorgelegte Beschwerden abgestellet, und der Nation in solchem ihrem billigen Begehren Statt gegeben werde.

Daß die auf dem Reichstage vom J. 1524

1524 angebrachte, und zu Augsburg im J. 1530 wiederhohlte hundert Beschwerden aus jenen oben angeführten bey dem Reichstage zu Wormbs angebrachten zehn und den übrigen zum Vorschein gekommenen Beschwerden, worinn so sehr über den Mißbrauch der päbstlichen Gerichtsbarkeit, über die Abrufung der Rechtssachen nach Rom, und über die Mißhandlung der päbstlichen Legaten, und Anhänger geklaget wurde, zusammen getragen sind; davon finden wir in dem oben angeführten augsburger Reichsabschied vom J. 1530 §. 132 den deutlichsten Beweis, wo es heißt: „Als auch Teutscher Nation „Beschwerden, so sie gegen den Stuhl zu „Rom uns auf dem Reichstag zu Worms „fürbracht; folgends zu gehaltenen Reichs„tagen zu Nürnberg und Speyer, davon „auch Anregung geschehen, jetzo allhie durch „Churfürsten, Fürsten, und gemeine „Stände des Reichs uns wiederum in „Schrifften überliefert worden,"

§. 103.

§. 103.

Von der auf dem augsburger Reichstage in Ansehung dieser Beschwerden gefaßten Entschliessung war die Folge, daß es im J. 1558 Kaiser Ferdinand I. in der Wahlkapitulation §. 15. zum erstenmal zur Obliegenheit gemacht wurde: darob, und daran zu seyn, daß nicht nur die Concordata Principum, und übrige mit dem Pabste errichteten Verträge, die Privilegien und Freyheiten der Nation erhalten, und gehandhabet; sondern auch die Beschwerden, und entstandene Mißbräuche vermöge deshalb gehaltenen Handlung zu Augsburg der mindern Zahl im 30sten Jahre gehaltenen Reichstags abgeschaffet, und hinfüro dergleichen ohne Verwilligung der Kurfürsten nicht zugelassen werden solle (eee).

Diese Stelle wurde in alle folgende Wahlkapitulationen eingeschaltet. Hiedurch

---

(eee) Sieh die Wahlkapitulation Ferdinand I. §. 15. bey Lymnäo S. 417.

durch übernehmen Ihro kaiserl. Majeſtät die Obliegenheit, die Beſchwerden der Nation nach dem Reichsſchluſſe vom J. 1530 abzuwenden. Nach der Verfügung dieſes Reichsſchluſſes ſoll den damals vorgelegten hundert Beſchwerden der Nation abgeholfen werden. Dieſe hundert Beſchwerden wurden bereits oben erwieſener Maßen aus den weit ältern, und nach und nach zum Vorſchein gekommenen Beſchwerden der Nation zuſammengebracht; folglich wird durch dieſe Stelle der Wahlkapitulation von der Nation eine feyerliche Verwahrung gegen alle Bedrückungen des römiſchen Stules eingelegt; es werden durch dieſes Grundgeſätz alle Beſchwerden die ſeit den Jahren 1457 über den Mißbrauch der päbſtlichen Gerichtsbarkeit, über die Abrufung deutſcher Rechtsſachen nach Rom, und über die Mißhandlung päbſtlicher Legaten und Anhänger von Zeit zu Zeit von den Ständen geführet, und endlich zuſammengebracht worden, als gegründet anerkannt, als reichs- und kirchenververfassungswidrig erkläret, und eben deswegen deren Abhelfung verordnet. Die Sache wird bis zur Ueberzeugung klar, wenn man mit Aufmerksamkeit die ganze Reihe der verschiedenen hieher gehörigen Reichsschlüssen erwäget, wo immer eins auf das andere Bezug hat.

§. 104.

Die Herren Kurialisten, gleichgiltig gegen alle Unordnungen, die sie in der Kirche, und im Staate anrichteten, nur bedacht, deutsches Geld zusammen zu bringen, oder im Namen des päbstlichen Stuls überspannte Gerechtsame auszuüben, waren so weit entfernt, den Beschwerden der Nation abzuhelfen, daß sie vielmehr suchten immer weiter zu greiffen, und selbst eine rechtliche Erkenntniß in weltlichen Dingen sich anzumaßen. Das kaiserl. Reichskammergericht wurde dadurch bewogen, hierüber, in wie weit solches einen Bezug auf den Wirkungskreis seiner Gerichtsbarkeit hatte, im J. 1443 bey der

Reichs-

Reichsdeputation zu Frankfurt Vorstellungen zu machen, und über die abhelfliche Maßnehmungen sein rechtliches Gutachten zu erstatten.

Da nun dem Kaiser die Abwendung aller Beschwerden gegen den römischen Stul ohne dieß übertragen ware; so wurde blos auf Veranlassung jener kammergerichtlichen Vorstellungen dem 3ten §pho des 14ten Artikels der 4te §phus in der Wahlkapitulation Ferdinand IV. im J. 1653 zum erstenmal beygefüget, und in den folgenden wiederholt, ohne daß, wie auf den vorherigen Reichstägen öfters geschehen, bey dem damaligen Wahlkonvent zu Augsburg über den ganzen Umfang der Nationalbeschwerden, und über das Verhältniß der deutschen Kirche zu dem röm. Hofe ordentliche Berathschlagungen gepflogen worden (fff).

Hätte man die Absicht gehabt, mittels dieser Stelle der Wahlkapitulation, wo-

---

(fff) Sieh Neurods Erläuterung des jüngsten Reichsabschieds.

woduch die Gerichtsbarkeit der päbſtlichen Nuntien in weltlichen, und Civilſachen aufgehoben worden, ſolche in geiſtlichen Dingen anzuerkennen, und reichsgeſätzmäßig zu erklären; ſo hätte nothwendig der 3te §phus dieſes nämlichen Artikels müßen ausgelaſſen werden: dann hier wird der Kaiſer angewieſen, nach Vorſchrift des Reichsſchluſſes vom J. 1530, der damals vorgelegten Maſſa von Beſchwerden, worunter ſo viele gegen die Gerichtsbarkeit der Legaten in geiſtlichen Dingen, gegen die Berufungen nach Rom, und dergleichen befindlich ſind, abzuhelfen; ja es würde in ſolchem Falle der 4te §phus mit dem 3ten §pho in einem offenbaren Widerſpruch ſtehen. Da aber der in Betreff der weltlichen Gerichtsbarkeit eingeſchalteten neuern Stelle ungeachtet der 3te §phus in allen Wahlkapitulationen bis auf die neueſte Zeiten ſtehen bliebe; ſo ergiebt ſich daraus, daß die durch den 4ten §phum angebrachte neue Stelle auch blos eine Folge neuer Beſchwerden ſeye; und

die

die Standhaftigkeit der Nation, mit der
sie auf der Abwendung älterer Kränkun=
gen beharrte, und jene Rechte aufrecht zu
erhalten suchte, welche durch die baseler
Dekrete begründet sind, wurde eben durch
die beybehaltene Stelle des 3ten §phi un=
widersprechlich an den Tag gelegt.

§. 105.

Die Herren Kurialisten ermuntert,
daß ihnen in unserm lieben deutschen Va=
terlande der lauten Klagen, und häufigen
Beschwerden der Ständen ungeachtet alles
so ungeahndet hingienge, und daß sie troz
aller Reichsschlüssen und Wahlkapitula=
tionen auch die übertriebenste Anmaßun=
gen mit dem besten Erfolge in dem Reiche
durchsetzten, giengen immer weiter: sie
fanden nun auch für gut, den den Erz= und
Bischöfen untergeordneten Geistlichen,
und andern Untergebenen auch in solchen
Fällen, wo denselben blos rücksichtlich
ihrer Amtsobliegenheiten Verfügungen er=
theilet worden, ohne alle Formalitäten ge=
gen

gen ihre rechtmäßige Vorgesetzte Gehör zu
geben, folglich die päbstliche Obergerichts=
barkeit auf eine neue Art zu mißbrauchen:
und dieß veranlaßte, daß in der Wahlka=
pitulation Josephs I. jene Stelle zum
erstenmal eingerückt wurde; die nun im
2ten §pho des 14ten Artikels enthalten
ist (ggg).

§. 106.

(ggg) Der 2te §phus Artic. XIV. der Wahl=
kapitulation lautet also: „Noch auch die
„Erz= und Bischöffe im Reich, wann wider
„dieselbe von denen ihnen untergebenen
„Geist= und Weltlichen etwan geklagt wer=
„den sollte, ohne vorherige genugsame In=
„formation über der Sachen Verlauf,
„und Beschaffenheit (welche, damit keine
„Sub- & Obreptio contra facti veritatem
„Platz finden möchte, in Partibus einzu=
„holen) auch ohn angehörter Verantwor=
„tung des Beklagten, wann zumalen der=
„selbe authoritate pastorali zur Verbesse=
„rung, und Vermehrung des Gottesdien=
„stes, auch zu Conservation und mehre=
„rer Aufnahme der Kirchen, wider die
„ungehorsame, und üble Haushalter ver=
„fahren hätte, mit Monitoriis, Interdic-
„tis, und Comminationibus, oder Decla-
„rationibus Censurarum übereilet, oder
„beschweret werden möchten; sondern wol=
„len solches alles mit der Churfürsten,
„Fürsten, und anderer Ständen Rath kräf=
„tigst abwenden, und vorkommen.„

§. 106.

Bey dieser chronologischen gewiß getreu vorgelegten Entwickelung der verschiedenen Veranlassungen zu den hieher gehörigen Stellen der Wahlkapitulation vergleiche man nun nach dem Wunsche des Vertheidigers der Nuntien die letzten Kapitulationen mit den ersten, oder die ersten mit den letzten, und jeder Unbefangene mag urtheilen: Ob das daraus sich ergebende Resultat den in dem kurkölnischen Promemoria enthaltenen Grundsätzen, oder den von dem Beantworter aufgestellten Behauptungen entspreche. Ich halte mich meines Orts überzeugt, daß der Verfasser des Promemoria die Geschichte der Veranlassungen wirklich überdacht, und den verlangten Vergleich angestellet habe; und wurde dadurch in jener Vermuthung, die ich gleich anfangs hegte, noch mehr bestärket, daß derselbe, da er zu Staatsmännern redete, bey denen er eine gründliche Kenntniß der Reichstagshandlungen

unter=

unterstellen konnte, blos bedacht ware, richtige Resultate vorzulegen, ohne daß er noch zur Zeit für nöthig fand, sich in weitläuftig-historisch-und juristische Auseinandersetzungen einzulassen. Da nach dieser wahren Geschichte jener Gesätzgebung die eigentliche Denkungsart der Nation bey allen Reichsversammlungen so deutlich an den Tag gelegt wird, so ist mir unbegreiflich, wie uns der Beantworter mit so großer Zuverläßigkeit sagen konnte, daß ausser den Annaten, und Beneficial-Angelegenheiten gegen die Mißbräuche der römischen Gerichtsbarkeit, und die Abrufung geistlicher Sachen nach Rom keine weitere Beschwerden geführet worden; daß folglich der römische Hof in Ansehung dieser Gegenständen einen ruhigen Besitzstand gegründet habe.

XI. Kapitel.

Prüfung jener Gründen, welche die Herren Nuntiatur-Vertheidiger von der Verjährung, und einem rechtlichen Besitzstande herzuleiten suchen.

§. 107.

Da man endlich selbst fühlet, daß weder wahre kanonische Kirchensatzungen, weder unsere deutsche Staats- noch Kirchenverfassung, noch einzelne Reichskonstitutionen, noch weniger rechtmäßige für die Nation, und die deutsche Kirche verbindliche Verträge den Nuntien mit Fakultäten, oder ständiger Gerichtsbarkeit im Reiche zur Seite stehen: so sollen nun Verjährung, hergebrachter Besitzstand, und wie dergleichen Aushilfsmittel der ungegründeten Ansprüchen mehr heißen, den Abgang ersetzen, und einer auswärtigen italienischen Macht einen für sie vortheilhaften und ergiebigen, für die Nation aber höchst lästigen, und für die Aufnahme der katholischen Kirche selbst nachtheiligen Standpunkt auszeichnen.—Ich muß dabey

bey dem Verfasser der Beantwortung zu Gemüth führen, daß nach den von den Päbsten selbst erlassenen Verordnungen folgende Axiomata gegründet sind:

„Nemo sanæ mentis intelligit,
„naturali juri quacunque consuetu-
„dine posse aliquatenus derogari."

„Præscriptio utut inchoata, com-
„pleta, & immemorialis sit, ex irra-
„tionabilitate consuetudinis corruit,
„ubi perpetua prohibitionis caussa
„ipsi legi inest, & vitium possessio-
„nis perpetuum habetur."

Wie konnten nun bey den im Mittel liegenden Vorschriften Christi selbsten, bey den vorhandenen wahrhaft kanonischen Kirchensatzungen, die hier zur Richtschnur dienen müßen, bey jener Ordnung, welche die in der Kirche Christi allgemein eingeführte hierarchische Stufenfolge der Kirchengewalt unvermeidlich macht, Rechte der Art verjähret werden, welche dermalen die Herren Nuntien behaupten.

§. 108.

§. 108.

Nach allgemein anerkannten Grund⸗
sätzen wird der Lauf einer jeden Verjährung,
wenn sie auch den billigsten Grund hat,
durch gerichtliche Interpellationen unter⸗
brochen. Man durchgehe nur unsere Na⸗
tionalgeschichte von der Zeit an, da die ka⸗
tholische Kirche in dem Staate aufge⸗
nommen, und einen eigenen Standort er⸗
halten hat: so wird sich zeigen, daß die
Nation immer, so oft sie in Haupt und
Gliedern versammelt gewesen ist, und jene
wirken konnten, die nach unserer Staats⸗
verfassung die Nation zu vertreten haben,
daß sie immer gegen jede Neuerung in dem
Kirchenregiment, gegen jede Bedrückung,
die der römische Stul über die Schranken
der ihm rechtmäßig zustehenden Gewalt
ausüben wollte, bey dem heil. Vater ihre
feyerlichste Verwahrung einlegen ließ. Wie
konnte dabey eine rechtskräftige Verjäh⸗
rung zum Nachtheil der Nation entstehen?
Bald läugnete man zu Rom, daß man die

N über⸗

überschickte Beschwerden erhalten habe; bald suchten die Legaten auszuweichen, wenn ihnen bey den Reichsversammlungen die Beschwerden der Nation wollten überreichet werden; bald entschuldigten sie sich mit dem Abgange behöriger Instruktion. Und so gerne sich die römische Legaten in deutsche Reichshändel mischten; fanden sie doch am Ende gerathener, lieber von den Reichstägen entfernt zu bleiben, um auf diese Art dem ununterbrochenen Eifer der Deutschen, ihre feyerliche Verwahrung gegen immer erneuerte röm. Bedrückungen bey jeder Gelegenheit einzulegen, nicht ausgesetzt zu seyn (hhh).

Dergleichen Winkelzüge können doch gewiß nicht als Beweise angeführet werden, um die Verjährung päbstlicher Ansprüchen zu rechtfertigen. Eben so wenig können jene Schritte, wozu einzelne Kirchenvorsteher, einzelne deutsche Staatsglieder durch die unabläßige Geschäftigkeit

der

(hhh) Sieh Mosers Staatsrecht 1. Theil. S. 377.

der Legaten, durch die so verschieden eingeschlagene Nebenwege, vielleicht in jener Zwischenzeit verleitet worden, wo die oberste Staatsgewalt nicht zusammen wirken konnte, der Nation für die ganze Zukunft zum Nachtheil angerechnet werden.

§. 109.

Bey den Kirchenversamlungen zu Konstanz und Basel, als die einzige verfassungsmäßige Standörter, wo die untere Kirchenvorsteher gegen Bedrückungen von obenher ihre Verwahrung einzulegen Gelegenheit hatten, wurde von der deutschen Nation insbesondere mit Nachdruck auf eine Kirchen-Reformation, d. i. auf Herstellung des ächten Verhältnisses zwischen Haupt, und Gliedern angetragen, und dadurch der Lauf eines ruhigen und rechtlichen Besitzstandes in allem Betrachte unterbrochen. Da nun die Zustandbringung einer solchen Reformation blos durch die Kunstgriffe italienischer Bischöfen, durch die eingeschlagene Nebenwege päbstlicher Legaten behindert wurde;

wurde; kurz, da solche blos beswegen zu äußerster Kränkung der Nation nicht zu Stande kam; weil die Herren Kurialisten ihre Rechnung nicht dabey fanden. Wie mögen es die Herren Vertheidiger der Nuntiaturen wagen, einen auf solche Art gegründeten Besitzstand zu ihrem Behuf als rechtlich anzuführen.

Im Jahr 1436 gab Eugen der 4te seinem Legaten in Deutschland geheime Verhaltungsbefehle: Sie möchten mit der Verheißung der Reformation des römischen Hofes den Deutschen in so lange die Mäuler stopfen, bis der Pabst von ihnen erhalten habe, was er verlangte (iii).

Sollen vielleicht dergleichen Wendungen, und Ausflüchten, wodurch die väterliche Sorgfalt des röm. Hofes für das Wohl der Nation eben nicht in das günstigste Licht gesetzet wird, als Merkmale der Ruhe, und der Rechtmäßigkeit des päbstlichen

---

(iii) Diese Stelle hat der Verfasser der neuerdings erschienenen Schrift über den Besitzstand des römischen Hofes pag. 40 angeführt.

lichen Besitzstandes angenommen werden? In der neuerdings zu Bonn herausgekommenen, mit besonderm Fleiße bearbeiteten Schrift, unter dem Titel: der Besitzstand des römischen Hofes, Gesandten mit Gerichtsbarkeit in alle kristliche Reiche und besonders in Deutschland, zu schicken; wurde uns überhaupt aus dem ganzen Verlaufe der Geschichte der rechtliche Gehalt jener Actuum Possessionis zergliederet, worauf sich die Herren Vertheidiger der Nuntiaturen in ihrer dermaligen Verlegenheit zu Begründung eines Besitzstandes gerne berufen möchten, und doch ist aus der Geschichte noch nicht alles zusammengetragen, was dem angeblichen Besitz der römischen Nuntien kann entgegen gesetzet werden.

§. 110.

Durch folgende Sätze dörfte sich die wahre Beschaffenheit jenes so hoch angepriesenen Besitzstandes noch näher entwickeln. Ich setze den Fall:

a)

a) Jemand verleitete mich, durch einen Vertrag, ihm gewisse Rechte zuzugestehen; weil er mir Urkunden vorzeigte, nach welchen er auf meine Person, oder auf mein Eigenthum noch wichtigere, oder wenigstens die nämliche Ansprüche hätte machen können. Nach der Lage der Sache, nach meinem damaligen Verhältnisse konnte ich unmöglich das Falsche, und den Ungrund dieser Urkunden einsehen; ich mußte sie für wahr halten. Indessen veränderten sich die Umstände: ich entdeckte Hilfsmittel, mich über mein eigenes Verhältniß aufzuklären; und finde auch den überzeugenden Beweis, daß jene Urkunden, worauf der andere seine Ansprüche gründete, die mich allein veranlassen konnten, ihm jene Rechte zuzugestehen, falsch und untergeschoben sind.

Wenn ich nun unter Führung des Beweises, daß der dabey untergelaufene Betrug, oder der beiderseitige Irrthum die Hauptveranlassung des eingegangenen Vergleichs gewesen ist, die Wiedereinsetzung

in

in den vorigen Stand verlangte; würde nicht jeder Richter nach allen Rechten mich von den übernommenen Verbindlichkeiten freysprechen müßen.

§. III.

b) Es zeigt ein Individuum, oder auch eine ganze Gesellschaft dem Landesfürsten, oder auch überhaupt der Staatsgewalt Urkunden vor, die sie zu gewissen Freyheiten, und Vorzügen in dem Staate berechtigen. Der Landesfürst bestätiget ihre Privilegien oder ertheilet ihr selbsten neue Rechte, und Vorzüge. Nun zeigt sich aber in der Folge, daß die Urkunden, worauf diese Gesellschaft ihre Privilegien gründete, grundfalsch sind; daß es eine Bedrückung für alle Staatsglieder seye, daß der Staat in seiner Aufnahme behindert, und selbst in Abwesen gerathen müße, wenn eine solche Gesellschaft bey ihren Vorzügen fernerhin belaßen würde.

Wer kann in solchen Fällen der obersten Staatsgewalt das Recht bezweifeln,

eine

eine solche Gesellschaft in ihre rechtmäßige Schranken zurückzuweisen.

§. 112.

c) Verträge müßen auch von Nationen auf das heiligste gehalten werden; sonst ist keine Ruhe unter den Menschen, keine Ruhe in den Staaten zu hoffen. Ich setze aber den Fall; ein Staat behauptet gewisse Gerechtsame, die den andern in eine gewisse Abhängigkeit versetzen, denselben in der Beförderung seiner Aufnahme, und in seiner Vervollkommung beschränken. Jener beruft sich auf gewisse Verträge, so in ältern Zeiten zwischen den Repräsentanten beider Nationen geschlossen worden; oder er gründet sich auf eine Verfügung, die noch zu jener Zeit ertheilet worden, da beyde Nationen von einem gemeinschaftlichen Regenten beherrschet worden. Die letztere Nation ist entweder übel berathen; oder ihre Archiven sind in schlechtem Zustande; die Wißenschaften sind bey ihnen im Verfalle. Außer Stand gesetzet, sich über ihr eigenes Verhältniß

auf=

aufzuklären, kämpfet sie mit dem innern Gefühle ihrer Freyheit; sie empfindet, daß ihr Unrecht geschieht, ohne den Grund davon angeben zu können. Sie widersetzet sich lange den Anmaßungen der andern Nation, ohne daß sie die angebliche Verträge und Verfügungen anzufechten getrauet. Sie gehet endlich, um Ruhe zu bekommen, Verträge ein, worinn sie nach dem Inhalte der ihr vorgelegten Urkunden gewisse Rechte zugestehet, weil sie jene für wahr halten muß.

Nun entdeckt man aber, daß jene Verfügungen, jene Urkunden, die man für wahr, und vielleicht für heilig hielte, falsch und unterschoben sind. Die Nation wird in den Stand gesetzet, zu beweisen, daß sie eben so unabhängig, eben so frey, als die andere Nation seye, und daß ihr gleich andern Nationen die nämlichen Mittel zur Seite stehen, die Glückseligkeit ihrer Staatsuntergebenen zu befördern. Wer würde nun eine solche Staatsgewalt beschuldigen können, daß sie die Billigkeit

im

im mindesten verletzet, oder der Heiligkeit der Verträge zuwider handelt, wenn sie jener Nation die Verbindlichkeit aufkündiget, worinn sie nur in der alleinigen Unterstellung einwilligte, daß die hier vorgezeigten Gesätze, und ältern Verträge ächt, und wahrhaft seyen.

Und will jene Nation nach geschehener Ueberführung von dem Ungrunde ihrer Ansprüchen denselben nicht gutwillig entsagen; so würde diese ebenfalls keine Ungerechtigkeit begehen, wenn sie mittelst in Händen habender Gewalt ihre natürliche Freiheit, und gänzliche Unabhängigkeit vertheidiget.

§. 113.

Wenn nun auch die deutsche Staatsgewalt in der Voraussetzung, daß die isidorianische Dekrete ächte kanonische Satzungen seyen, durch diesen damals nicht entdekbaren Irthum verleitet, dem römischen Stule gewisse Rechte zugestanden, gewisse Anmassungen ertragen hätte: so könnte

doch)

doch nach den so eben angeführten Grundsätzen die Nationalgewalt für die ganze Zukunft dadurch nicht beschränket werden, nach entdeckter Falschheit isidorianischer Dekreten, mit behörigem Nachdruck jene Vorkehrungen zu treffen, wodurch die Aufnahme des Staates, die Glückseligkeit der einzelnen Glieder beförderet und die Nation gegen die schädliche Folgen des von Rom veranlaßten Irrthums geschüzt wird.

§. 114.

Bey weiterm Nachdenken zeiget sich zwischen Begründung eines Besitzstandes von Seiten der weltlichen Macht, und jener der Kirchengewalt ein noch merklicherer Unterschied: Jeder Mensch ist befugt, seine Besitzungen, und Rechte auf eine erlaubte Art, so viel möglich zu erweitern, wenn gleich die Besitzungen, ja selbst die Glückseligkeit seines Nebenmenschen dadurch gekränket werden: utendo jure meo nemini facio injuriam: eben so ist auch jede Nation befugt, durch alle erlaubte

Mittel

Mittel ihre Vortheile zu vermehren, ihre Nahrungsquellen, und andere Befugniſſe zu erweitern; wobey ſie ganz gleichgiltig ſeyn kann: Ob die Aufnahme, und Glückſeligkeit anderer Nationen dadurch geſchmälert werde. Da nach dem Recht der Natur allen Menſchen auf alle Dinge dieſer Zeitlichkeit gleiche Rechte zuſtehen; da es nur auf die Wachſamkeit, und den Fleiß der Individuen ankam, gewiſſe Dinge, und Rechte ausſchlüßig an ſich zu ziehen: ſo wurde bey der Unvollkommenheit aller menſchlichen Verhältniſſen der lange Beſitzſtand als ein rechtmäßiges Mittel anerkannt, gewiſſe Befugniſſe fernerhin zu erhalten, wenn gleich andere dadurch in Anſehung gewiſſer Vortheilen beeinträchtiget, und bey Erweiterung ihrer Vollkommenheit eingeſchränket werden.

§. 115.

Wenn, ohne daß die Menſchheit durch eine geoffenbarte Religion beglückt wäre, mehrere Nationen ſich über eine gewiſſe

wisse Art, Gott zu dienen, vereinigten, und zugleich ein gewisses Kirchenregiment festsetzten, woran der einen Nation mehr, der andern weniger Antheil zugestanden würde. Wenn alsdann eine Nation durch den Verlauf vieler Jahren sich in dem Besitze eines vorzüglichen Gewichts, und einer gewissen Uebermacht bey diesem Kirchenregimente erhielte, und selbst unter dem Vorwande dieses Kirchenregiments die andere Nation in eine Art von Abhängigkeit versetzte, die derselben an ihrer zeitlichen Glückseligkeit nachtheilig wäre; so müste sich gleichwohl diese Nation bey den Vorzügen eines alten Besitzstandes, die unter den Menschen festgesetzet, und zu Verhütung noch größerer Unruhen unvermeidlich sind, beruhigen. Allein ganz anders verhält sich die Sache mit der kristlichen Kirche, und den kristlichen Kirchenverbindungen: die Gottheit hat den Mißbrauch, der durch solche Anmaßungen unter den Menschen entstehen könnte, vorausgesehen; Sie eröffnete daher durch

aus-

ausdrückliche Gesätze ihren Willen über die Art ihres Dienstes. Gott kam auf die Welt, um durch sein eigenes Beyspiel zu zeigen, daß durch die Religion weder unter dem Vorwande einer Kirchenherrschaft die Menschen an der Beförderung ihrer zeitlichen Glückseligkeit behindert, noch in ihrer natürlichen Freyheit beschränket werden sollen.

§. 116.

Ich folgere weiter: keine Rechte lassen sich denken, ohne daß sie zugleich Pflichten unterstellen; Rechte, die mit obliegenden Pflichten in offenbarem Widerspruche stehen, wie können diese durch einen Besitzstand gerechtfertiget werden? — Die deutsche Nation hat mit dem röm. Hofe, als einer auswärtigen weltlichen Macht sich nie in Verträge eingelassen; es wurde dem Pabste, als Beherrscher der italienischen Staaten nie ein Gerechtsam zugestanden, welches die Nation in eine Abhängigkeit versetzte; es liesse sich vielmehr

aus

aus der Geschichte das Gegentheil bewei=
sen: die Verbindung, welche zwischen dem
deutschen Reiche, und dem päbstl. Stule
bestehet, ist blos jene, welche die Heilig=
keit und die Natur der kristlichen Kirchen=
verfassung erfordert.

Die kristliche Kirche ist gestiftet zum
Trost der Menschheit, um ihnen die Mit=
tel zu Beförderung ihrer Glückseligkeit
ehender zu erleichtern, als zu erschwehren.
Die Kirchenvorsteher, und besonders die
oberste Kirchengewalt hat demnach die
Pflicht, den Beherrschern der Staaten in
Beglückung der Menschen die Hand zu
bieten, welches aus den Lehren, und dem
Zusammenhange des Lebens Christi so gött=
lich hervorleuchtet. Folglich, so wie der
römische Stul in seiner Eigenschaft als
oberstes Kirchenhaupt, auf jede Nation
einen besondern Einfluß hat, und auch ei=
ne gewisse Gewalt ausübt: so hat er zu=
gleich die Verbindlichkeit, seine Gerecht=
samen bey jeder Nation so zu modificiren,
wie es das Verhältniß und das Bedürf=

niß

niß eines jeden Staates, und die möglichste Aufnahme ihres zeitlichen und ewigen Wohls erfordert.

Apostolicæ Sedis Sanctitas non potest, nisi quæ in ædificationem sunt, & non in destructionem. Lex ecclesiastica data est in ædificationem non in destructionem, dieses ist die Lehre aller Kanonisten, und davon die weitere Folge: Hätte das Kirchenoberhaupt auch noch so lange unter Begünstigung gewisser Umständen und Vorurtheilen gewisse Gerechtsamen über eine Nation ausgeübt, die diesem Endzwecke entgegen wären: so bliebe es immer eine offenbare Verletzung seiner heiligsten Pflichten, sich nur auf einen solchen Besitzstand zu berufen.

XII. Kapitel.

Zusammentrag jener besondern Umständen, welche es der deutschen Staatsgewalt zur Pflicht machen, in Ansehung der Nuntiatur-Streitigkeit einmal wirksame provisorische Verkehrungen zu treffen.

§. 117.

Bey Durchgehung des vorhergehenden wird, wie ich hoffe, in jedem Patrioten die Ueberzeugung entstehen, daß das erhabene allerhöchste Oberhaupt unsers Vaterlandes samt der höchsten Reichsversammlung weder durch ein giltiges Gesäz behindert, noch durch einen verbindlichen Vertrag beschränket, noch weniger durch einen rechtmäßigen Besitzstand zurückgehalten werde, bey dieser dringenden Nationalangelegenheit zur Erleichterung der getreuen Deutschen ihre reichsväterliche Sorgfalt wirken zu lassen. Hat aber der röm. Hof kein Recht, ständige mit Gerichtbarkeit versehene Nuntien nach Deutschland zu schicken, hat er kein Recht, ihnen, wie bis jezt geschehen, Fakultäten zu ertheilen,

theilen, welche die deutſche Erz- und Biſchöfe in Ausübung der ihnen von Gott aufgetragenen Amtsobliegenheit hinderen, ſo iſt keine Urſach denkbar, warum die oberſte deutſche Staatsgewalt durch eine geſätzliche Beſtimmung nicht die ſtändige Nuntien aus Deutſchland entfernen ſoll, erfordert es die Erhaltung der Einigkeit und Reinigkeit der katholiſchen Religion, thun die Erz- und Biſchöfe ihre Pflichten nicht, ſo kann ein auſſerordentlicher Nuntius für dieſen dringenden Fall geſchickt werden, damit aber unter dieſem Vorwande nicht neue Mißbräuche einſchleichen, ſo muß ein ſolcher Nuntius ſeine Fakultäten, wie in Frankreich, der oberſten Staatsgewalt zur vorgängigen Unterſuchung vorlegen; iſt ſein Geſchäft geendiget, ſo muß er aus Deutſchland zurück, oder er kann nur als ein Nuntius ohne Gerichtsbarkeit, wie jeder politiſcher Geſandter bey einem deutſchen Hof accreditirt zurück bleiben, und jene Rechte ausüben, die dem Pabſt unmittelbar vermög des

Pri-

Primats, oder kraft der zwischen ihm und der Nation bestehenden Verträgen zukommen. Bis jetzt beschäftigten sich die röm. Nuntien mit nichts anders, als a) die Macht des Pabstes in Deutschland zu vergrößern. Dieser Einfluß, sobald er sich über die dem Primat zukommende, oder von der Staatsgewalt dem Pabst zugestandene Gränzen ergiest, wird für Deutschland gefährlich, weil dadurch die bey Stiftung der katholischen Religion festgesetzte, und bey ihrer Aufnahme in Deutschland auch von der weltlichen Macht bestätigte Stufenordnung verrückt wird, dadurch aber die deutsche Kirchenvorsteher ausser Stand gesetzet werden, den Zweck der katholischen Religion zu erfüllen, und ihren Untergebenen dasjenige zu leisten, wozu sie von Christo, und von der obersten Staatsgewalt bey Aufnahme der katholischen Religion in Deutschland sind angewiesen worden. b) Haben sich die Nuntien bis jetzt eine vorzügliche Angelegenheit daraus gemacht, Gährungen zwischen

schen der geist- und weltlichen Macht; Mißtrauen zwischen den Erz- und Bischöfen; Aufwiegelungen zwischen der niedern Geistlichkeit und ihren Bischöfen, und Processe zwischen den geistlichen Ständen und Personen zu erregen, wie dieses alles in der Offenkündigkeit beruhet, und noch die tägliche Erfahrung zeigt. c) Wollten sich bis jetzt die Nuntien einer Entscheidung in deutschen Rechtssachen anmassen, ohne daß sie von unserer deutschen Verfassung, und Gewohnheiten, worauf es doch meistens vorzüglich ankömmt, das geringste verstehen; sie sind nicht einmal mit unserer Sprache bekannt. Wie leicht werden nicht bey dem Mangel dieser nöthigen Kenntnissen die deutsche Unterthanen um Haab und Gut gebracht? d) Erfodert die Lage und das Staatsverhältniß des römischen Hofes, sich mehr mit andern als der deutschen Nation zu halten. Wie wäre es mit der Staatsklugheit vereinbarlich, wenn man die Macht des römischen Hofes vergrößern, und ihm einräumen

wollte,

wollte, die Anzahl seiner Ausspäher in Deutschland zu vermehren, sie mit Gerichtsbarkeit über deutsche Unterthanen, über Erzbischöfe, Bischöfe, und Reichsfürsten zu bewaffnen; wenn die oberste Staatsgewalt die Thoren des Reichs öffnen wollte, wodurch ohne anzufragen Italiener sich in Deutschland einschleichen, um das glücklich erloschene Feuer der Verfolgung zwischen den verschiedenen Religions Parthien wieder anzublasen. Ruhe und Einigkeit ist in Deutschland nothwendig, nie wird diese in Deutschland dauerhaft werden, so lange wir ständige mit Gerichtsbarkeit, oder nicht untersuchten Fakultäten versehene Nuntien haben. Es ist also die höchste Nothwendigkeit, daß die gesätzgebende Macht eintrete, und eine ausgiebige Vorsehung dahin treffe, daß keine ständige mit Gerichtsbarkeit versehene Nuntien geduldet, und Fakultäten der ausserordentlichen Gesandten aber vorläufig in Comitiis untersucht werden. Unsere deutsche Erz- und Bischöfe haben von

Christo

Christo den unmittelbaren Auftrag, für ihre Gemeinden zu sorgen, sie sind als Reichsstände verbunden, für das Wohl der deutschen Nation zu sorgen. Werden sie nicht für ihre Schaafe, für ihre Unterthanen, für ihre Landsleute mehr thun, als fremde Italiener? — Hiezu ist aber nothwendig, daß sie von der deutschen Staatsgewalt bey ihren für die Nation so wohlthätigen Rechten geschützet werden. Ist es für die oberste Staatsgewalt nicht leichter, einen deutschen Erz- und Bischof, dem bey der Erhabenheit seiner Würde, die er nach unserm deutschen Verhältnisse begleitet, der Ruf einer pünktlichen Erfüllung seiner Kirchen- und Staatsobliegenheiten gewiß nicht gleichgiltig seyn kann, auf dem rechten Wege zu erhalten, als einen Italiener, die, wie uns die Geschichte wahrhaft überzeuget, doch auch nur Menschen sind, die sich um den Nachruhm in Deutschland wenig bekümmern, und am Ende, wenn es schief gehet, mit deutschem Gelde beladen über die Alpen zurück-

zurückschleichen, um einen Kardinalshuth dafür zu hohlen, daß sie nichts unversucht gelassen haben, die Macht des röm. Hofes auf den Trümmern der erz= und bischöflichen Gewalt zu erheben. Wenn endlich überdacht wird, daß für die deutsche Unterthanen eine Quelle von Ausgaben und von Lasten weniger bestehet, wenn sie an ihren ordentlichen deutschen Kirchenvorsteher angewiesen bleiben, als wenn zwischen der bischöflichen noch eine neue päbstliche Zwischengewalt unterstützet wird, die gewiß nichts umsonst thut, und von der wieder nach Rom muß appellirt werden, wo selten eine Beendigung der Sache zu hoffen ist.

Wenn alle diese Umstände mit den allenfallsigen Gegengründen von der obersten Staatsgewalt auf die Waagschale gelegt, und dabey das zeitliche und ewige Wohl der Nation beherziget wird: so muß in ihren edlen Herzen gewiß die lebhafteste Rührung entstehen. Durch die Erfahrung von mehrern Jahrhunderten belehrt,

lehrt, wird sie in jener bekannten Wahrheit bestärket, daß für Deutsche mit Römern keine billige Übereinkunft zu hoffen seye: es ist dahero unvermeidliche Nothwendigkeit, durch eine gesätzliche nachdrucksame Verfügung die ständige päbstliche Legaten aus den Bezirken der deutschen Diöcesen zu entfernen, und ihnen nur dann einen Aufenthalt im Reich unter der Aufsicht der Staatsgewalt zu verstatten, wenn entweder für die oberste Kirchengewalt die gegründete Ursache eintritt, daß bey der deutschen Nation die Einigkeit und Reinigkeit des katholischen Glaubens Gefahr laufe, die Erz- und Bischöfe in Beseitigung dieser Gefahr nachläßig sind, oder sonstige Nationalkirchen-Angelegenheiten die Gegenwart eines päbstlichen Legaten erfordern: nicht ehender aber denselben einen Einfluß in die besondere deutsche Kirchen verwilligen, bis dargethan ist, daß einer, oder der andere deutsche Kirchenvorsteher durch Vernachläßigung des ihm anvertrauten Kirchenamtes nach vergeblich

lich angewandten väterlichen Warnungen die wirkliche Eintretung der obersten Kirchengewalt nöthig mache.

XIII. Kapitel.
Widerlegung einiger Einwendungen und Beschluß.

§. 118.

Da nach der Lehre unserer katholischen Kirche die oberste Gewalt, und der Einfluß des päbstlichen Stuls auf die einzelne Kirchen mit den Grundsätzen unseres Glaubens verpflochten ist: so werden als Haupteinwendungen entgegengesetzet: es gehöre die Bestimmung des Verhältnisses von leztern zu dem erstern ad jura collegialia der Kirche; es seye folglich ausser der Sphäre der Reichsversammlung, hierin etwas zu verfügen; die Bedenklichkeit seye um so gegründeter; da bey der deutschen obersten Staatsgewalt höchste Personen mitwirken, die von der katholischen Kirche getrennt zu einer andern Glaubenslehre sich bekennen; die dermalige Irrung könne als eine bloße Kirchensache

nicht

nicht anders, als bey einer allgemeinen Kirchenversammlung entschieden werden.

Dies wäre nun der Lieblingsstandpunkt, wohin die Herren Kurialisten die Sache gerne eingeleitet hätten: es wäre das sicherste Mittel, den päbstlichen Legaten ein ewiges Bürgerrecht in dem deutschen Reiche zu verschaffen, und allen in der Kirchenverfassung eingeschlichenen Mißbräuchen ein gesäzmäßiges Ansehen zu geben, unter welchen die ganze Nachkommenschaft noch Jahrtausende eben so vergeblich seufzen müßte, als die Nation bishero Klagen führte. Die Geschichte zeiget uns, wie viele Mittel der päbstliche Stul in Händen habe, dergleichen Kirchenversammlungen, wenn er sie bedenklich findet, zu behindern, auch solche, wenn seine Behauptungen daselbst eine schiefe Wendung nehmen, sogleich wieder zu vernichten. Und über dies läßt sich nach den dermaligen Grundsätzen aller Staaten die Zusammenberufung einer allgemeinen Kirchenversammlung nicht so leicht als möglich denken.

§. 119.

Allein zum Glück bestehet dermalen kein Streit über Lehrsätze, über die Art, Gott zu dienen, und solche Kirchengebräuche, von denen in der ganzen Kirche eine Gleichheit, und Einförmigkeit erforderlich ist. Es ist blos die Frage von der Wirkungsart der von der Nation anerkannten obersten Kirchengewalt, wobey das Bedürfniß, und der Zustand derselben in die alleinige, und vorzüglichste Betrachtung zu ziehen ist.

Endlich, wenn man die Sache mit unbefangenem Gemüthe erwäget; so stellet sich nach obigen Grundsätzen über allen Zweifel und Widerspruch erhaben jene Wahrheit dar, daß die Kirche zum Trost zur Erleichterung, und Aufnahme der Nationen bestehen solle. Nun ist eben so richtig, daß das oberste Kirchenhaupt auf eine Art bey der deutschen Nation zu wirken verlange, welche die Nation in ihrer Aufnahme und Vervollkommung behindert. Warum

sollte

sollte in diesem Fall die oberste Staatsgewalt, die das Wohl ihrer Untergebenen zu beherzigen hat, nicht befugt seyn, zu bestimmen, ob ein pābstlicher Nuntius in Deutschland eine ständige Gerichtbarkeit, ob er Fakultäten ausüben dörfte oder nicht? Durch Verträge hat sich die Nation zur Dultung eines so gearteten Nuntius dem Pabst nicht verbunden. Das Recht einen ständigen mit Gerichtbarkeit, oder nicht untersuchten Fakultäten versehenen Nuntium zu schicken, fließt nicht aus dem Primat, der von der obersten Staatsgewalt bey Aufnahme der katholischen Religion in Deutschland ist anerkannt worden; es hängt also die Bestimmung von der unter ihrem Oberhaupt auf dem Reichstag versammelten Nation ab, ob ein solcher Nuntius in Deutschland soll geduldet werden. Ein ständiger Nuntius mit Gerichtbarkeit mit Fakultäten in die erz- und bischöfliche Gerechtsame einzugreifen, macht keinen Theil der katholischen Glaubenslehre aus; er ist ein politisch-geistliches Geschöpf; wir
haben

haben viele katholische Staaten, wo nie ein päbstlicher Nuntius war: sie sind deswegen doch von ganzem Herzen orthodox. Die Annahme, oder Nichtannahme eines ständigen Nuntius mit Gerichtsbarkeit gehört dahero ohne alles Bedenken zur Erkenntniß der obersten Staatsgewalt eines jeden katholischen Reichs. Haben wir aber katholische Staaten, die von allem Einflusse italienischer Gerichten in ihren Kirchenbezirken befreyet sind, bey denen die Gemeinschaft der Kirchen bestehet, und die oberste Kirchengewalt wirket, ohne daß sie gefährlichen Bedrückungen päbstlicher Abgeordneten ausgesetzet sind; warum sollte die deutsche Staatsgewalt nicht darauf bestehen können, daß unsere Nation auf die nämliche Art, wie diese, behandelt, daß ein gleiches Verhältniß, eine gleiche Wirkungsart der obersten Kirchengewalt, wie bey diesen festgesetzet werde. Warum soll dann nur Deutschland verurtheilt seyn, unter der ewigen Zuchtruthe römischer Abgeordneten zu stehen?

§. 120.

§. 120.

Jene Nationen ſind zu ihrer Kirchenfreyheit, zu ihrer Ruhe und Sicherheit, gegen italieniſche Bedrückungen blos durch die Wachtſamkeit, und durch die ernſtliche Sprache ihrer oberſten Staatsgewalt, und nicht durch die Entſcheidung allgemeiner Kirchenverſammlungen gelanget.

Würde ſich die deutſche Nation nie gleicher Vortheilen und Vorzügen erfreuen können: ſo wäre dieſes ein trauriges Zeichen, daß bey uns die oberſte Staatsgewalt das wahre gemeinſchaftliche Wohl ſämtlicher Staatsglieder weniger, als bey andern Staaten beherzigte; daß ſie nicht mit jener erhabenen Würde, mit jener männlichen Standhaftigkeit auf jenen gemeinſchaftlichen Endzweck zuſammenwirke welche die von Gott verliehene Gewalt jener mit ſich bringt, die beſtimmt ſind, das Schickſal der Nationen zu lenken. Zum Glück, daß unter der glorreichſten Regierung Joſephs II. in einem Zeitalter,

wo

wo das Wohl, und die Aufnahme deutscher Unterthanen die Lieblingsforge deutscher Fürsten geworden ist; diesfalls die mindeste Besorgniß nicht eintreten kann. Die vier Herren Erzbischöfe haben alles gethan, was die schuldigste Verehrung gegen das Kirchen oberhaupt, was die brüderliche Liebe, und der Wohlstand von ihnen fordert; sie haben ihre Beschwerden Er päbstl. Heiligkeit in der tiefesten Ehrfurcht vorgelegt; kaif. Majestät haben diese Beschwerden durch die dringendste Vorstellungen bey dem Pabst durch den Kardinal Herzan unterstützen lassen; die vier Herren Erzbischöfe haben durch ihre Gesandten in Rom wiederholter dringend um eine päbstliche Entschliessung gebeten; es sind neun Monate verflossen, sie sind keiner Antwort gewürdiget worden. Ihre Beschwerden gegen die ständige mit Gerichtbarkeit versehene Nuntien bezielen nicht erzbischöfliche Vorzüge, sie betreffen die Rechte sämtlicher Bischöfen, das Wohl der ganzen Nation.

Bey wem sollen sie gegen die Zudring‑
lichkeiten des römischen Hofes Rettung
für sich, für die ihnen anvertraute Heerde,
und ihre Mitbischöfe finden, als bey der
obersten Staatsgewalt, wohin selbst das
Reichsoberhaupt die Sache zur National‑
Berathung gebracht hat? Mit reger Un‑
geduld erwartet ganz Deutschland nach
einer mehr als hundertjährigen Bedruckung
die Abhilf durch ein ausgiebiges stand‑
haftes Reichsgesätz.

www.ingramcontent.com/pod-product-compliance
Lightning Source LLC
Chambersburg PA
CBHW021808230426
43669CB00008B/676